그까이 행복쯤이야!!

(나는 행복할 수 있다!!)

(너도 행복할 수 있다!!)

(나는 기꺼이 행복할 수 있다!!)

(너도 기꺼이 행복할 수 있다!!)

(우리는 기꺼이 행복할 수 있다!!)

(너희도 기꺼이 행복할 수 있다!!)

(우리는 모두 기꺼이 행복할 수 있다!!)

그까이 행복쯤이야!!

안부현 지음

길상

프롤로그

노벨 문학상을 우리나라 작가가 수상했다는 속보를 접하면서 마침내 에세이 3권을 마무리하게 되었다. 노벨상 수상 소식에도 기쁨에 도취했지만 내가 3권째 출간한다는 사실에도 행복에 겨워 하염없이 도취에 빠졌다.

쉽지 않은 여정이었지만 버킷리스트를 상기하면서 하루하루를 소중하고 의미 있게 보낼 생각으로 쓴 일기 형식의 글을 모아 보았다. 살아온 과정에서 특별히 옆길로 빠지거나 심하게 넘어졌을 때는 없었지만, 그래도 숱하게 많았던 기쁨과 즐거움, 슬픔과 아픔을 소급해서 기억하고 앞으로 다가올 또 다른 행복과 시련을 생각하면서 나름대로 엮어 보았다.

우리 인생에서 결코 소홀히 다루거나 잊을 수 없는 소재가 가족이고 가족 중에서도 특히 부모님을 빼놓을 수가 없다. 단순히 부모님 덕분에 이 세상에 태어났다는 사실 하나만으로 부모님이 중요한 포지션을 차지한다는 게 아니고 태어나서 성인이 되고 독립할 때까지 30여 년을 함께 지내면서 행복과 근심을 번갈아 주고받으며 별의별 다양한 사건, 사고들을 접하였고 기본 인성을 쌓으며 올바른 습관이 몸에 밸 수 있도록 본보기가 되어주신 분들이다. 또 결혼하여 자녀를 키우고 나이가 들어서도 기쁜 일이 생기거나 어려움이 닥치면 어김없이 부모님을 떠올리며 기쁨을 함께 나누지 못하는 아쉬움에 눈물을 흘리고 시련을 극복하는 방법을 상의할 멘토가 존재하지 않은 사실에 또 한 번 눈물을 글썽이게 된다. 이렇듯 부모님은 자기 삶이 끝날 때까지 가슴속에 남아있는 영원한 멘토이자 안식처이다.

삶에서 행복한 순간들이 요소요소에 있지만 특히 가족이나 친구들과 맛있는 음식을 섭취하면서 수다를 떨거나 낯선 곳으로 여행을 다니는 일상이 가장 많은 행복을 느낄 때라고 볼 수 있다. 물론 개개인의 취향과 가치관에 따라 행복의 기준이나 상황이 다를 수 있겠지만 보편적으로 볼 때 가족, 친구, 동료, 이웃 등과 어울리거나 함께 할 때가 행복한 시간이라는 것이다. 자연인처럼 혼자서도 즐거울 수 있고 사제 동행을 하면서 기쁨을 나눌 수도 있으며 목표가 달성된 순간도 당연히 행복을 느낄 수 있으니 결국 타인과 외부 환경을 조성하고 내적인 성취감을 가지는 것이 중요하다고 할 수 있다.

세상은 하루가 다르게 변화되고 미래를 예측할 수 없는 불확실성이 존재하고 있다. 그래도 세상은 살만한 가치가 있고 당연히 즐겁고 행복하게 살아야 한다. 행복한 생활이 마음대로 되냐고 의구심을 갖는 사람이 있겠지만 간절히 바라면 이루어질 수 있다는 믿음을 가지고 마음속으로 나는 행복하다는 긍정적인 생각을 하면서 하는 일에 열정을 다해 성취하고 보람을 느낀다면 그것이 바로 행복한 삶이 되는 것이다. 누구든지 행복할 권리와 의무가 있다.

우리나라 국민이 그토록 바라던 노벨 문학상을 수상하였다. 국가의 위상에 비해 다소 늦은 감은 있지만 그래도 경사가 아닐 수 없다. 진심으로 축하하고 이번을 기점으로 문학상뿐만 아니라 화학상이나 물리학상 경제학상 등의 수상자 이름도 속보로 꾸준히 자막에 올라오면 좋겠다.

편집과 출간에 애써 준 출판사에 감사드리고 세 번째 에세이집 탄생의 기쁨을 가족과 지인들, 제자들과 함께 나누고 싶다.

2025년 3월 초 어느 날 밤에

차 례

그까이 행복쯤이야!!

그리움

그립다고
다가가지 마세요.
그리움은
그리움으로 남아야 합니다.

그래도
정 그리우면
먼발치에서
바라만 보세요.

먼발치 너머에
서 있는 그 사람도
그리움을 삭히는
잠 못 이루는 날들이 많을 겁니다.

출근길 인연들

직장인이라면 대부분 아침 일정이 틀에 박힌 것처럼 빡빡하고 타이트하다.

알람에 맞춰 일어나는 시간, 씻고 밥 먹고 옷 입고 현관을 나서는 시간, 그리고 대중교통을 탑승하는 시간이 거의 같은 시간에 이루어진다.

그러다 보니 오고 가는 사람을 매일 똑같이 만나는 경우가 있고 곳곳에서 자라는 나뭇잎과 풀잎의 변화되는 흐느적거림을 생생하게 마주하는 경우가 많다.

자연은 천번 만번 만나더라도 항상 반갑고 어색하지 않지만, 사람은 때에 따라 민망하기도 하고 불편할 수도 있다. 서로 아무 잘못이 없는데도 말이다. 나 또한 매일 같은 시간에 집을 나서다 보니 지겨운 내색을 단 한 번도 하지 않고 아침마다 반갑게 인사하는 식물을 만나고 그녀석들이 내뿜는 피톤치드에 유해 물질이 중화되어 상쾌함을 느끼며 지하철역으로 걸어간다. 자연이야 늘 그 자리에서 변함없이 반겨주지만, 매일 마주치는 사람은 인사를 해야 할지 모른척해야 할지 고민이 될 때가 있다. 특히 상대가 이성일 때에는 더더욱 고민이 되고 괜히 아는 척했다가 쓸데없는 오해를 받을까 걱정이 되기도 한다. 그래서 그냥 무심히 지나가는 경우가 많은데 그러려고 하니 뭔가 아쉽기도 하다. 가끔 만나는 사이라면 고민할 필요가 없는데 매일 만난다면 경우가 다르기 때문이다.

나는 매일 걸어서 전철역으로 가는데, 중간에 얕은 동산을 지나노라면 꼭 마주치는 여성분이 있다. 나이는 얼핏 오십 초반으로 보이고 어깨에 가방을 둘러메고 손에는 종이가방을 들고 있는데 내용이 궁금하지는 않지만 무거울까 가벼울까는 생각해 본 적이 있고 무슨 일을 하는지 유추해 본 적은 있다. 참 쓸데없는 생각을 한다고 할 수도 있지만 당사자가 되어 매일 아침에 지나친다고 가정한다면 결코 쓸데없는 생각은 아니라고 인정할 것이다. 왜냐하면 낮이나 밤이 아니고 아침이다 보니 머릿속이 복잡하지 않고 다양한 생각을 할 수 있는 공간적 여유가 많아 저절로 그런 궁금증이 생기게 된다는 것이다. 결단코 야릇한 생각을 하는 것이 아니다. 그렇게 지나치고 전철역이 다가오면 인사를 할걸 하는 아쉬운 생각이 들 때도 있지만 다음날도 또 그다음 날도 무심히 그냥 지나친다. 그래도 매일 만나는 자체가 서로 건강하다는 것이 확인되는 것이기에 서로 간의 마음속에는 오늘도 그 사람을 만나면 좋겠다고 생각하지 않을까 여겨진다. 최소한 나는 그렇다.

전철역 플랫폼에서는 항상 그 시각에 같은 위치에서 탑승하는 아주머니 두 분을 만나고 왔다리 갔다리 운동하는 아저씨도 만난다. 역시나 인사를 하거나 안부를 물어보지는 않지만, 오늘도 만나서 반가워요 라고 마음속으로 인사를 건네지 않을까 생각한다. 물론 나만의 착각일 수도 있다. 대부분 사람은 상대에게 관심이 없고 따뜻한 눈인사조차 거북스럽다고 생각하니까…

전철을 갈아타고 세 정거장을 가는데 역시 거의 매일 젊은 여성을 만난다. 서로를 인지하게 된 동기는 내가 앉은 자리 앞에 서서 가다가 내가 내리려고 일어나면 그 자리에 앉아가는 일이 한두 번 반복되면서 아하 이 사람은 다음 역에서 내리니 앞에 서 있으면 쉽게 자리를 차지할 수 있겠다고 생각했을 것이고 그러면서 자연스럽게 내 앞에 서 있다 보니 얼굴을 알게 된 것이다. 물론 따뜻한 인사를 건네지는 않지만, 가끔 내가 자리를 잡지 못하고 서 있는 경우에는 괜히 미안한 생각이 들고 어서 빨리 이 젊은 여성이 자리를 차지하면 좋겠다는 착한 생각을 한다. 나도 참 희한한 사람이다.

이렇게 아침마다 만나는 사람들과 인사를 하면서 지낼까도 생각해 봤는데 그냥 이대로 마음속으로만 인사를 건네는 것이 오래오래 기억에 남을 듯하여 모른 척하면서 스쳐 지나가기로 했다.

학교에 도착하면 아침 일찍 출근하여 구석구석을 청소하시는 여사님과 마주친다. 쉽지는 않지만, 누구나 강강약약(强强弱弱)하는 마음으로 세상을 살아간다면 사회적으로 손가락질 받지는 않는다고 하는 말이 있는데 그 말을 의식해서 그런 것은 아니지만 나는 경비 일을 하시는 분이나 청소를 하시는 분들과는 항상 친분을 두텁게 하는 편이다. 딱히 내가 할 수 있는 일은 없지만 따뜻한 차를 나눠 마실 때도 있고 맛있는 빵이나 과자를 나눠 먹을 때도 있고 그냥 서서 다정한 대화를 할 때도 있다. 이런 하찮은 행동이 서로에게 생기를 불어넣어 주고 흔한 말로 세상은 살아갈 만한 가치가 있고 잠시라도 서로에게 행복한 순간을 느끼게 해주지 않을까 생각해 본다. 언젠가 여사님이 당신의 집 옥상에서 재배하셨다면서 상추와 치커리 등 온갖 채소를 한 보따리 준 적이 있다. 흔하다고 하더라도 귀하지 않을 수 없고 자랑하지 않을 수가 없어서 몇몇 분들께 나눠주고 남은 것을 집으로 가져와서 정말 맛있게 먹은 적이 있다. 이것이 세상 살아가는 재미이고 보람이고 행복이 아닐까 싶다.

텃밭의 봄

참 많이도 자랐구나
도무지 피어나지 못할 꿈이라고 생각했건만
두터운 흙을 헤치고 차가운 공기를 둘러메고
예쁘게도 자랐구나

죽어가는 생명인 줄 알았어요.
무미한 세상에 굴복할 줄 알았어요.
맨땅에 뉘일 때 사별인 줄 알았어요.
무릎 꿇고 통곡하며 슬퍼할 줄 알았어요.

어느 날
눈길 손길 발길조차 외면했건만
땅속에서 기지개 켜더니
목마름에 찬물 한 사발 들이키고
허름한 옷 주워 입고 하늘 향한 창문 발로 차고
한 발 한 발 내디디며 세상을 품었네요.

이토록 위대한 자연이 있을까?
이토록 장대한 곡생(穀生)이 있을까?

미물은 인간이고
영물은 자연인데
어찌하여 미물이 영물에게 어깃장을 놓는가?
굽어살펴주옵소서 빌고 또 빌어야 하거늘

텃밭의 봄은 언제나 완연하다.

여사님의 채소

청소하시는 여사님이 상추와 치커리를 주셨다.
당신의 집 옥상에 고이고이 길러온 각종 채소 중에
지금쯤 가장 연하고 부드러워 식감이 좋고 건강에 최고라며 새싹을 주셨다.

그까짓 거 시장에 가면 널리고 널렸는데 뭘 그런 걸 가지고...

그럼
시장에 널브러진 채소를 구매하여 누군가에게 선뜻 건넨 적 있는가?
그 누군가를 생각하며
아직 차가운 봄바람에 기대어 어린 모종을 移植하고 植栽 한 적이 있는가?
이도 저도 아니면
선한 행동을 하는 척이라도 하면서 얻어먹을 궁리라도 하였는가?

여사님의 투박한 손으로 건네진 야들한 채소는
번쩍이는 알갱이를 모아둔 보석함보다 더 귀중하고

억만금이 들어있는 사각으로 된 가죽 가방보다 더 묵직하며
최고급 점에서 제공되는 특권화된 유기농 먹거리보다 값어치가 더 있다.

여사님 표 채소를
흐르는 물에 조심조심 적시고
막장에 공기를 불어 넣어 이리저리 뒤섞어 만든 쌈장이 함께하면
갓 지은 향기 나는 쌀밥이 아니고 꺼칠하게 묵은 보리밥일지라도
含哺鼓腹의 참맛을 마음껏 누리리.

작은 학교의 꿈

중년이 된 뭇사람들의 한결같은 꿈은 한적한 시골 마을에서 유유자적하며 좋아하는 일 하면서 인생의 뒤안길도 되돌아보고 앞으로 담담하게 펼쳐질 미래를 개척하며 알콩달콩 살아가는 것이 아닐까 싶다. 당연히 경제적으로는 안정되어야 하고 다양한 인프라는 구축되어야 하며 개방적인 활동이 보장되는 조건이 필요충분이어야 하겠지만 조금 덜하더라도 살아가는 데 불편을 느끼지만 않는다면 나름대로 행복을 추구할 수 있을 거 같다. 물론 이것은 나만의 생각일 수도 있지만 보편적인 희망일 가능성이 더 크다.

이런 기회가 나에게 주어진 것은 평소에 덕을 쌓아서 그런 것도 아니고 보이지 않는 다양한 신(神)에게 하루가 멀다고 간곡히 기도를 드려서 그런 것도 아니고(물론 전혀 아니라고 단언할 수는 없다) 막강한 백그라운드가 있어서 낙하산 타고 사뿐히 내려앉은 것도 아니다. 다만 상호 간에 빈칸을 메꾸는 존재가 필요했고 어떠한 인연으로 오작교에서 만나 끌리는 눈빛을 주고받은 결과라고 생각한다. 이러나저러나 그저 감사한 일이므로 하늘 땅 바다 산을 향해 몸과 마음으로 큰절하고 타인을 배려하고 존중하면서 살아야겠다는 다짐을 수없이 하면서 꿈같은 한적한 생활이 시작되었다.

양평군 단월면 소재지에 있는 작은 중학교는 누구라도 지나가면서 한 번쯤 저런 곳에서 아이들과 함께 꿈을 이야기하고 고민을 이야기하고 행복을 이야기하고픈 욕심을 가지고 싶을 정도로 아담하고 예쁜 학교이다. 도로와 학교 사이에는 나지막한 담이 있지만 인정(人情)과 대화를 단절시키는 사회적 경계가 아닌 안전을 도모하기 위한 도구의 기능일 뿐이므로 정담이 오고 가고 그리움을 삭힐 수 있는 데에는 일체 걸림돌이 되지 않으며 운동장엔 축구 야구 외에도 달리기와 고무줄놀이 무궁화꽃이 피었습니다와 같은 아기자기한 놀이에도 다치지 않고 마음껏 뛰어다닐 수 있도록 잔디가 촘촘히 심어져 있으며 알록달록한 색깔의 학사(學舍)는 아이들뿐만 아니라 어른들에게도 상상의 나래를 펼칠 수 있도록 공간의 자유를 제공하면서 가슴을 설레게 한다.

아이들은 상상외로 순진무구하다.

시골 아이들이니 당연히 순진할 거라고 생각하면 큰 오산이다. 요즘 세상은 지역별 거리의 의미와 상관없이 동시다발적으로 정보가 공유되어 도시 사람이든 시골 사람이든 삶의 질이나 문화차이가 없고 추구하고자 하는 목표의 높고 낮음이 없으며 행복의 척도도 차이가 없다. 그러므로 단순히 시골 아이들이니까 순진하고 착하다는 생각은 잘못된 것이며 환경과 교육, 관심에 따라 도시 아이든 시골 아이든 인성이 바르거나 비뚤어지는 것이다.

물론 도시 아이들과 비교하면 시골 아이들이 가정형편이나 경제적인 여유가 다소 뒤처지는 것은 사실이나 이것은 학습에 대한 기대치나 결과물에 대한 지원의 차이이고 바른 인성을 추구하는 것과는 아무런 상관없는 물질적인 대가성에 불과하다. 따라서 아이들이 순진무구한 것은 부모님과 선생님들의 꾸준한 사랑과 관심 그리고 지역사회의 따뜻한 눈길이라고 볼 수 있다. 결국 가난하거나 한 부모 혹은 조손 자녀라고 해서 아이들이 음메 기죽어 하며 자라서 숫기와 자신감이 없어 순진해 보이는 것이 아니라 실제로 부모님은 바른 생활의 표본이 되고 선생님은 바른 교육에 매진하고 지역 주민들은 아이들이 일탈하지 않도록 합심하여 지도하고 본보기가 되는 행동을 했기 때문에 아이들이 순진무구하면서 실현 가능한 꿈을 꾸고 꾸준히 노력하는 게 아닌가 싶다.

이곳 아이들은 다양한 재능교육 기회를 제공받는데 그중 하나가 1인 1악기 학습이다. 아이들이 진지하고 경건한 자세로 바이올린과 첼로 플루트 등을 연주하는 것을 듣고 있노라면 이곳이 예술의 전당 공연장인지 오케스트라 연주회 장소인지 착각할 정도로 화음이 부드럽고 섬세하다. 거기다가 시골 아이들이라는 신기함과 놀라움이 가미되어 대견스러움에 울컥하여 감동의 눈물이 날 때도 있다. 실제로 나는 연주를 들으면서 눈물을 펑펑은 아니었지만, 남몰래 찔끔찔끔 흘린 적이 있다. 자매 혹은 남매가 진지하게 연주하는 모습이 너무 아름답고 보기가 좋

아서~~

이 아이들이 도시의 아이들과 다른 점은 생활기록부에 등재를 원하거나 가산점을 받기 위한 특별한 목적이 있어서 악기를 배우고 연주하는 것이 아니라 재능을 키우고 지역사회에 봉사하면서 자기만족을 하기 위하여 배움에 열중한다는 것이다. 오로지 교과성적을 향상하고 남들에게 보여주기 위한 학습이 아니라 순수하게 자기 계발을 위하여 열정을 다한다는 것이 마냥 예쁜 것이다. 특히 지역사회 행사에서 의전으로 국기에 대한 맹세 시 흘러나오는 배경음악과 애국가를 연주할 때는 이 고장의 자랑거리이자 보배 같은 존재들이다. 이때만큼은 다소 따분하게 느낄 수도 있는 어른들도 진지한 태도로 의전에 따르고 애국가를 힘차게 부르며 아이들의 연주에 힘을 보태준다. 이것은 연출하는 것이 아니고 진정으로 발로되는 무의식적인 인지상정이다. 앞으로도 아이들이 꾸준하게 배우고 익혀서 필요할 때마다 연주함으로써 성취감과 보람을 느끼면 좋겠다. 악기를 다룬다는 것이 어른이 되었을 때 엄청난 행복의 무기가 될 수 있다는 것을 미리 알 필요는 없지만 지금의 나로서는 부럽기 짝이 없는 모습이다.

또 하나는 운동선수의 육성이다. 강원도 어느 산촌에 있는 학교는 학습 관련 학생은 모집하지 않고 야구와 관련된 학생들을 모집한다는 기사를 읽었는데 참 괜찮은 발상이라 생각한 적이 있다. 선수는 물론이고 기록 전문가나 트레이너인 코치, 감독을 꿈꾸는 아이들을 모집하여 집중적으로 교육하고 육성하여 프로구단이나 아마추어팀으로 입성시키겠다는 목표를 갖는다면 아무리 산촌이라 하더라도 지원자가 밀물처럼 몰릴 것이다. 지금 시골 지역에 자리하고 있는 초중고등학교는 학생 수 급감으로 애로가 없는 학교가 없을 정도인데 이런 현상을 타파하고 지역을 활성화 시킬 수 있는 전략으로 전문적인 운동선수를 육성하는 프로그램을 개발하여 나름의 성과를 창출한다면 학생이 줄어들어 교실이 텅텅 비고 거리가 을씨년스러울 정도의 씁쓸한 현상은 막을 수 있을 것이다. 이것은 맞춤형일 수도 있고 선택형일 수도 있고 반강제적일 수도 있지만 아이들이 열정을 가지고 선생님들이 혼신의 힘을 다해 코치한다면 얼마든지 가능한 일이다.

이러한 취지로 이곳에서도 여자축구와 야구를 집중적으로 모집하여 운영 중인데 종종 전국대회에서 상위 랭킹에 들어갈 정도로 수준급으로 성장하였다. 나름대로 꿈을 간직하면서 훈련에 열정을 다하는 모습을 보노라면 안쓰럽고 대견하여 맛난 음식을 사주고 싶을 때가 있는데 안타깝게도 한 번도 실천하지 못했다. 이유는 금전적인 부담도 있었지만(아이들에게 한 번 정도는 배불리 먹일 수 있는 형편은 되었다. ㅎㅎ) 솔직히 다른 선생님들과의 형평성이 실천하지 못한 이유였다. 아이들이 어른이 될 때까지 절대로 알 수 없는 것이 어른들끼리 상대에 대한 초연함이나 자존의 태도인데 어느 선생님이 아이들에게 맛있는 음식을 대접한다면 아이들은 누구라도 그렇게 할 수 있다는 생각으로 숱하게 많은 나날들을 선생님들 소매를 잡을 것이다. 그러면 태생적으로 선량한 선생님들은 야멸차게 뿌리치지 못하고 대접하는 절차를 밟을 수밖에 없고 그러다 보면 특히 젊은 선생님들은 재정적인 부담으로 일종의 스트레스를 받아 잠시지만 회의를 느낄 수도 있다는 것을 아이들은 알리가 없다. 아이들이 보채지만 않는다면 어떤 선생님이 대접했다고 하더라도 시샘하며 너도나도 대접하겠다고 나서지 않는다는 사실을 아이들은 절대로 모르는 것이다. 어른이 되면 저절로 깨닫는 것이 생각보다 많다는 것을 아이들은 모르는 것일까 모른 척하는 것일까?

선생님들이 깜놀하는 것은 이곳 아이들은 특이하게도 운동한다고 해서 학습을 게을리하지 않는다는 것이다, 물론 공부와 담을 쌓은 아이들도 틀림없이 있지만 그런 부류가 소수이고 다수는 학습과 병행을 한다는 사실이고 실제로 성적 상위그룹 중에는 축구와 야구를 하는 운동선수들이 많이 포진하고 있다는 것이다. 교실에서 수업하다 보면 눈동자가 초롱초롱 빛나는 아이들이 운동하는 아이들인 경우가 많은데 밤늦도록 훈련하고 피곤함을 잊은 채 교실에서 배우고자 하는 열정을 보일 때면 어느 선생님이라 하더라도 열강할 수밖에 없다. 질문에도 똘망똘망 대답하고 모둠학습을 주도하며 궁금한 사항들을 끊임없이 질문하는 이 아이들을 어찌 소홀히 다룰 수 있겠는가? 가장 이상적이고 바람직한 현상이 이곳 양평군 단월면에 있는 중학교에서 일어나고 있다는 것을 많은 국민이 인지하면 얼마나 좋을까 하는 생각을 했다.

학교의 기본은 학습을 불태우는 것이다. 기업이 직원들을 독려하고 격려하여 밤낮없이 연구하고 개발하여 신제품을 생산함으로써 이윤을 극대화하고 세계인의 삶을 편리하게 만들 듯이 학교도 학생들에게 최고의 동기를 부여하여 각각의 목표를 향해 매진하게 하는 곳이어야 한다. 그곳이 도심에 있든 산골에 있든 상관없이 소기의 목적을 달성할 수 있다면 장소를 가리지 않고 몰려드는 것이 지극히 평범한 세계인의 심리이다. 이미 국내외적으로 이름난 고등학교나 대학교가 지리적 한계가 무색하게 그런 영향으로 학생들의 열기가 넘쳐나는 곳이 있고 맛있는 음식점이 위치에 상관없이 대기 줄이 길게 늘어져 있는 모습에서 소소하지만 특별한 과정이나 재료가 싱싱하다면 기다리는 인내는 얼마든지 감내하는 것이 또한 일상화된 것이다.

대부분의 학교 관리자는 이런 꿈을 가지지만 현실적으로 쉽지 않은 것이 사실이다. 어느 학교든 체계적이고 올바른 교육 정책을 바탕으로 아이들과 선생님들이 혼연일체가 되어 다양한 재능과 지식을 심어주고 쌓아주면서 인성을 바르게 하고 모교에 대한 강한 긍지를 가지면서 특별한 목적을 가진 상위학교로의 진학률을 높인다면 발전에 발전을 거듭할 것이다. 그러면 전국의 꿈 있는 아이들이 몰려올 것이고 거기에 발맞춰 역량 있는 선생님들을 대거 영입할 것이며 조그만 면 단위 동네라 하더라도 활기가 넘치면서 사회적 경제적으로 한 단계 상승하는 계기가 되어 일약 스타 중학교가 될 것이다.

이 학교도 틀림없이 원대한 꿈을 꾼다.

한 걸음 한 걸음 최선을 다하고 선생님들의 의지가 하늘 높이만큼 치솟는다면 지금은 비록 아이들의 목소리가 작지만 언젠가는 우렁찬 목소리가 교실 곳곳에서 들리리라 확신한다. 내가 잠시 몸담았던 중학교가 승승장구하여 전국의 명문중학교로 발돋움하여 입학과 전입하려는 대기 줄이 길게 늘어지기를 기원하고 나 또한 뿌듯한 심정으로 살아가면 좋겠다는 생각이 과도한 욕심이 아니면 좋겠다.

사랑의 그리움

그리움의 싹은 어둠의 고장
밝은 빛 앗아가는 세상천지라도
사랑의 빛은 감추지 못한다.

못내 한 말을 가슴에 묻어두고
이룰 수 있으리란 사랑의 기대는
얼 만큼 커다란 기쁨의 결과 되어
되돌아 올 수 있을 막연한 행복을 삼킨다.

가까이서 접해보는 사랑의 참맛
멀리서 깨달아지는 이별의 쓴맛
모두 다 우리네 애달픈 표정이거늘
무엇하나 인생의 장막은 아닐지어다.

황막한 대지위의 이슬 맺은 가냘픔은
온종일 따갑게 맞은 아픔의 사랑이거늘
만약
깨어지는 사랑일지라도
사랑할 수 없는 사랑일지라도
이별의 아픔을 느낄 수 없는 사랑일지라도

나에게 있어서
그에게 있어서
잊혀 지지 않을 불멸의 사랑 탑이 될 것이다.

미래의 약속

미래를 불안해하지 않을 사람이 있을까?

아마도 갓 태어나서 초등학교에 다닐 때까지는 미래가 무엇인지 모를 시기이므로 막연히 불안해하거나 걱정을 하지 않겠지만 중학교에만 들어가더라도 온통 미래에 대한 불확실성으로 잠을 설치는 경우가 많다. 그때부터는 나이가 들어 죽을 때까지 내일에 대한 희망과 걱정 반 기대 반으로 살아간다. 이것은 공부를 잘하든 못 하든 잘생겼든 못생겼든 지위가 높든 낮든 상관없이 모든 사람에게 굴레가 되어 평생을 함께한다. 금수저로 태어나 금전적으로 부족함이 없거나 부모님 찬스로 든든한 직업을 대물림하는 사람이나 세속에서 벗어나 종교활동에 심취해 있는 사람이나 정도의 차이는 있겠지만 미래를 걱정하고 불안한 마음을 갖는 것은 틀림없는 사실이다.

생명이 태어난다는 것은 축하하고 축복받을 일이지만 안타깝게도 그 자체가 이미 고난의 길로 접어드는 것이라고 어떤 종교는 설파하였다.

종교의 유무와 상관없이 일정 부분 인정하는 사람들이 대부분이지만 억울해하는 사람들도 많다. 왜냐하면 본인이 원해서 태어난 사람이나 동물은 없기 때문이고 태어나보니 행복도 다가오지만 고통도 기다리고 있을 뿐이기 때문이다. 억울해하는 이유를 충분히 공감하지만, 마땅히 다른 방도가 없기에 눈물을 머금고 현재를 살아간다. 혹시나 더 나은 삶이 다가오지 않을까 하는 막연한 기대를 하면서~

어릴 적 읽은 동화중에 무지개를 찾아 산을 넘고 또 넘었지만 결국 빈손으로 되돌아온다는 소년 이야기를 대부분 알고 있을 것이다. 그 당시에는 무슨 의미인지 모호했지만, 지금은 확연히 그 뜻이 무엇인지 알 수 있는 이유는 지금까지 살아오면서 숱하게 많은 무지개를 좇아 산 넘고 물 건너 달려갔지만 내 손 안에 있는 줄 모르고 헛된 고생을 했다는 사실을 알기 때문이다. 행복은 멀리 있지 않고 가까이 있으며 사소한 만족이 곧 행복이라는 등식을 왜 많은 시간이 흐른 후에 깨닫게 되는지 지나간 시간이 억울하고 아까울 때가 있다.

신(神)들이 모여 사람의 행복을 어디에 숨겨야 쉽게 찾지 못할 것인가에 대해 토의한 결과 사람들은 어리석으니, 마음속에 숨기면 쉽게 찾을 수 없을 거라는 결론을 내리고 열 길도 아니고 한 길도 안 되는 마음속에 숨겼다는 우스개 같은 이야기가 있다. 과연 사람들은 행복을 쉽게 찾지 못하고 산으로 바다로 우주까지 돌아다니면서 행복을 찾았지만, 빈손으로 돌아오다가 집 앞 나뭇가지에서 알콩달콩 노니는 작은 참새를 바라보며 흐뭇한 미소와 더불어 행복한 마음을 지니게 되었다는 씁쓸한 이야기도 있다. 왜 사람들은 가까운 곳에 행복이 있다는 사실을 모르거나 부정하고 멀리서만 찾으려고 하는지 참 희한한 영장(靈長)이다. 아마도 체면상 가까운 행복은 성에 안 차거나 자랑거리가 안되어 남들에게 과시할 만한 건더기가 없기 때문일 것이다. 각자가 추구하는 지향점이 다르고 행복의 척도도 다른데 굳이 남들과 비교하려는 욕구는 사람만이 가지고 있는 쓸데없고 버려야 할 욕망이다. 자기만족이 곧 행복이라는 등식을 깨달으면 좋겠다.

사람들이 공부를 열심히 하고 연애를 불타오르듯이 하고 주어진 업무를 악착같이 하는 이유는 미래에 조금이라도 더 행복하고 걱정을 덜 하기 위함이다. 그렇게 열정을 다하면서도 대부분 사람은 죽을 때까지 걱정거리를 안고 살아가면서 혹시나 내일은 내일은 하며 살아간다. 그냥 버릴 것은 버리고 잊을 것은 잊으면 좋은데 참 안되는 것이 사람의 마음이고 욕망이다. 99억을 가진 사람이 100억을 채우기 위해 욕심을 부리고 99칸의 방을 가진 사람이 100칸을 채우기 위해 물불을 가리지 않은 종족이 사람이다.

미래에 대한 희망을 품고 약속의 땅으로 걸어가는 모습은 아름답다. 대신 더더더 하는 욕심만 버린다면 인생은 살만한 가치가 있고 행복을 마음껏 누리며 살아갈 수 있다. 욕심을 부리는 것과 목표를 정하여 매진하는 것은 분명 차이가 있고 보람을 느끼거나 성취감을 맛보는 질이 다르다. 무분별한 욕심은 주변에 사람이 없고 목표를 향해 꾸준히 노력하는 사람 주변에는 늘 응원의 목소리가 메아리친다. 욕심이 과한 개인이나 단체나 기업은 주변 사람에게 혹은 고객들로부터 버림을 받고 쉽게 무너지지만, 욕심을 부리지 않고 정도를 걸으며 미래를 개척하는 개인이나 기업은 승승장구하는 것이다. 욕심이 없으면 부정도 없고 반칙도 없지만 욕심이 많으면 부정과 비리가 싹틀 수밖에 없다. 왜냐하면 정상적인 방법으로는 욕구를 채우는 시간이 오래 걸리고 만족도가 낮아 성이 차지 않기 때문에 부정을 생각할 수밖에 없다. 마치 스포츠에서 꾸준히 노력하여 금메달을 획득할 생각을 하지 않고 단시간에 금지약물을 복용하여 좋은 성적을 거두고 보자는 잘못된 심리와 같다. 이렇게 딴 금메달이 비록 적발되지 않아 인정된다고 하더라도 평생 불안하여 대놓고 행복하다고 자랑할 수 없는 것이다. 결국 정정당당하게 경쟁하고 이겨야 미래가 투명하고 가치 있는 삶이 되는 것이고 경쟁에서 지더라도 재도전할 수 있는 기회가 주어지고 동기부여가 되는 것이다.

전세계적으로 주요 기업이나 프로스포츠를 보면 섬뜩할 정도로 냉혹하다. 냉혹한 이유는 미래에 확실한 먹거리를 확보하거나 우승을 통해 기업의 가치를 상승시킴으로써 자산이 증대되고 거기에 따라 이익을 극대화하여 다양한 분야에서 최고, 최강이 되어 시장을 선도하고 인류 발전에 공헌하기 위함이다. 그러므로 실적이 부진하거나 성적이 떨어지면 사장이든 감독이든 선수든 가차 없이 계약을 해지하고 연봉을 깎거나 방출하는 것이다. 승부의 세계에서 승자는 독식하고 패자는 하염없이 낭떠러지로 내쳐지다 보니 어떻게 하든 이기려 하고 미래를 보장받고 싶어 하고 든든한 우산 속으로 들어가려 한다. 그러려면 무엇보다 기초 실력이 튼튼해야 하고 아무도 흉내 낼 수 없는 자신만의 비장의 무기가 있어야 하며 나름대로 인맥 관리나 자기 계발에 충실해야 한다. 미래를 개척하고 도전하고 돌파하는 것이 결코 쉬운 과정은 아니지만 불가능한 것이 아니므로 누구라도 기회가 주어지면 반드시 성과를 내고야 말겠다는 굳은 의지가 필요하다. 물론 세상을 그냥저냥 살아가겠다는 생각이라면 치열한 승부의 세계보다는 자원봉사 하면서 보람을 찾는 것도 한 방법이다. 대신 풍족한 경제 혜택이나 여유 있는 여가생활을 기대하면 안 되고 다소 빈곤한 삶에 적응할 각오는 되어야 한다. 그러나 값비싼 음식이 무조건 맛있고 비싼 입장료를 받는 공연이 꼭 수준이 높거나 감동이 있는 것은 아니므로 수준에 맞게 살아가는 것도 큰 행복이고 즐거움일 수 있다.

지금은 그 말이 많이 무색해졌지만, 우리나라에는 개천에서 난 용이 꽤 많다. 대통령을 비롯하여 대학 총장이나 대기업 총수, 군이나 사법기관, 행정부의 고위관리자 등에 어려운 가정형편을 극복하고 기어이 용이 되어 승천한 분들이 있다는 것이다. 한때는 개천에서 용 난다는 말에 뭇사람들이 환호하고 기내하고 미래를 꿈꾸며 세상이 공정 하다는 생각을 했다. 왜냐하면 배경과 출신 지역, 학벌과 빈부 차이에 상관없이 사법고시나 행정고시에 합격하면 일약 출세 가도를 달릴 수 있었기 때문이었다. 학벌이나 나이, 횟수를 제한하지 않고 누구라도 도전하여 정당하게 심판받음으로써 불공정의 시비가 없고 기회를 공평하게 제공한다고 생각하기 때문이었다. 지금은 로스쿨이라고 하는 제도가 생겨 도전에 제한이 있고 차별이 있어서 돈이 없거나 학벌이 없으면 아예 도전조차 하지 못하고 먼 나라 이야기이듯 체념하는 경우가 있지만 아직도 시골 어딘가에는 두뇌가 명석하고 사고가 바르지만, 경제적 이유로 대학 진학을 포기하고 출세의 꿈을 감히 생각조차 못 하는 청년들이 존재할 것이다. 그런 청년에게 미래에 출세할 수 있는 사다리를 없애버리면 평생을 기생충처럼 살아가라는 것이다. 물론 다양한 방법을 통해 도전할 수 있는 길이 있을 수 있지만 보편적인 방법으로는 쉽지 않은 길이므로 이것 또한 또 다른 제약이 있는 제도에 불과하다. 세상이 공정하기를 바라는 초롱초롱한 젊은 눈빛은 어디에서도 찾을 수 있고 정당하게 집행되는 제도에는 누구라도 이의를 제기하지 않는다. 그만큼 특별한 대접을 바라거나 차별의 대상이 되기를 바라지 않고 오로지 정당한 방법이나 절차를 통해 세상이 돌아가고 미래가 투명하기를 바랄 뿐이다. 젊은 세대이건 중장년 세대이건 미래를 꿈꾸고 설계하는 것은 매우 중요하다. 미래가 암울하고 기대할 수 있는 언덕이 없다면 현재를 살아가는 의미가 없고 내일에 대한 희망이 없으므로 하루하루가 따분하고 무료할 뿐만 아니라 인생의 소중함을 모르고 짐승처럼 살아가게 된다.

우리네 인생은 누가 뭐라고 해도 유한하다. 단순히 생명만이 유한한 것이 아니고 권불십년이나 화무십일홍의 의미처럼 권력이나 달콤한 일상이 무한하지 않다는 것이다. 그래서 하루를 더 소중하고 의미 있게 보내야 하는 것이고 미래를 개척하면서 보람 있게 살아가야 하는 이유이다. 꿈이 많거나 높다고 해서 문제가 되거나 제지를 가하는 상대는 없으니, 이상은 크고 높게, 노력은 꾸준히 끈기있게 하는 것이 행복한 미래를 기대할 수 있는 요소들이다.

그리운 고향

태어나고 자란 곳을 고향이라 하지요.
사람도 동물도 식물도 다 고향이 있습니다.
오죽하면 수구 지심이라는 성어가 생겼을까요?

사람은
눈감으면 그립고 눈뜨면 눈물 나도록 가고픈 곳이 고향입니다.
갓 시집간 새색시도 친정이 있는 고향이 그리워서 울고
머나먼 타향에서 정붙이고 살아도 늙어지면 고향에 가고파서 울고
외롭고 쓸쓸함이 불현듯 밀려올 때도 서러움에 고향 생각하며 웁니다.

동물은
죽을 때 고향으로 머리를 눕힌다지요.
무의식의 발로냐 의식적인 행동이냐는 중요하지 않습니다.
눈을 뻐끔거리고 뒷발을 허공에 차면서 머리는 태어난 곳으로 향합니다.

식물은
움직이지 못 하지만
땅속의 뿌리는 현재의 그곳에 더 깊이 내려앉아
다른 뿌리가 침범하지 못하도록 철통같은 방어로 고향을 지킵니다.

왜 이토록 고향에 대한 미련이 많고 애틋함이 묻어날까요?
왜 이렇게 시도 때도 없이 가고 싶고, 보고 싶고 생각날까요?

고향은
성공하면 아낌없는 찬사를 보내면서 노고를 치하해 주고
실패하면 모든 것을 이해하고 품어주고 안아주고 토닥거려 주면서
기꺼이 다시 일어날 수 있는 언덕이 되어주기 때문이 아닐까요!

왜 가끔 아이가 되어 고향집 앞마당에서 뛰어노는 꿈을 꾸는지 이제야
알 것 같습니다.

온천 가는 즐거움

나는 뜨끈한 물에 몸을 담그거나 사우나실에서 땀흘리는 것을 좋아한다.

그러다 보니 일요일 아침에 일찍 일어나서 자동차로 삼십 분 정도 달리면 그 지역에서 최초로 개발했다고 하는 온천이 있는데 기분일 수도 있지만 수질이 부드럽고 매끄러우면서 시설도 꽤 괜찮은 편이라 언제부턴가 단골이 되어 줄기차게 이용하는 고객이 되었다. 온천 용품을 챙기면서 온천욕을 하고 난 다음 무엇을 먹을까 생각하며 집사람과 온천 가는 길이 여간 즐거운 일상이 아니다.

북유럽처럼 남녀가 같이 목욕하는 혼탕이 있어서 집사람과 등도 밀어주고 뜨거운 사우나 안에서 땀 흘리며 세상 돌아가는 이야기 자식 이야기 시골집 이야기 등을 하면 더더욱 즐겁겠지만 우리나라에는 지금도 없고 앞으로도 도입될 가능성이 제로에 가까우니 그런 얄궂은 생각은 아예 접고 각각 남녀 온천탕으로 입장하여 몸을 푹 담그고 목욕을 마친 후 맛있는 식사 하며 재미있는 이야기를 할 생각을 하면 온몸에 엔도르핀이 팍팍 솟는다.

언젠가 우리나라에도 서울 어딘가에 남녀가 함께 목욕할 수 있는 혼탕을 개업했는데 여자는 단 한 명도 안 오고 남자들만 득실거렸다는 웃지 못할 이야기가 있다. 사실인지 아닌지는 확인하지 못했지만 아마도 사실일 가능성이 많다. 우리나라 정서상 혼탕은 시기상조일 뿐만 아니라 앞으로도 생길 가능성은 거의 없다고 보는 게 맞을 거다. 북유럽에도 혼탕이 점점 줄어든다고 하는데 이유는 아시아 여행객들이 호기심으로 반드시 들러야 할 필수코스가 되다 보니 아무리 혼탕문화가 전통적으로 내려온 자문화라 하더라도 괜스레 부담되었을 것이고 진정한 사우나를 즐기지 못하면서 불평과 불만이 많아 출입하는 횟수가 줄어들면서 문을 닫게 된 것이 아닐까 생각된다. 나도 유럽을 방문할 때 솔직히 두 번을 가봤는데 부모와 자녀, 결혼한 자녀와 노부부, 또는 연인들끼리 뜨거운 탕에서 이야기하고 사우나에서 서로의 등에 올리브 향을 발라 주면서 대화하는 모습이 너무나 자연스러웠고 보기 좋았다. 어릴 때부터 이성 간의 육체적 호기심을 해소시켜 준다면 성년이 되어서도 이성에 대한 감정으로 인한 성추행이나 성폭력이 줄어들 것이고 실제로 북유럽의 성 관련 범죄율이 다른 나라에 비해 현저히 낮다고 한다. 물론 우리나라에도 가족탕이 있어서 가족끼리 목욕을 즐길 수 있는 시설은 있지만 대부분은 불륜 커플이거나 젊은 부부가 성적이 욕구를 해소하기 위한 야릇한 장소로 활용할 뿐이지 진정한 사우나를 즐기는 것은 아니다. 내가 2~30대 젊은 부부라면 대중 온천탕보다는 오붓하게 둘이서 즐기기 위하여 가족탕을 자주 이용하지 않을까 싶다. ㅎㅎ

샤워하고 뜨끈한 탕에 들어가서 이런저런 생각에 잠기다 보면 일주일 동안 쌓였던 스트레스와 피로가 말끔하게 정리된다. 지나온 나날들을 생각할 때면 마냥 흐뭇하기도 하고 잠깐의 아픔이 치유되기도 하지만 앞날을 생각할 때면 아득할 때도 있다. 그러나 육체적 편안함이 정신적 고통을 지배하며 잠시나마 세상일 그저 잊을 수 있어서 좋다. 송해 선생님처럼 매일 오후에 목욕탕을 찾을 수는 없지만 일주일에 한 번만이라도 제대로 간다면 찌든 몸과 마음이 한결 밝고 맑아지는 것을 알고 있기에 실천하는 것이다.

집사람하고의 이런 즐거움이 꾸준히 지속되어야 하는데 가끔 서로 삐지면 각자 목욕 하고 각자 밥을 먹을 때도 있는데 그럴 때는 지나온 일주일이 허송세월인 거 같고 다가올 일주일이 지겹고 막막한 생각만 든다. 삐지는 일이 없어야 하는데 살다 보면 꼭 그런 일이 생기니 알면서도 예방하지 못하는 세상이 참 재미있다. ㅋ

어릴 적 산골에서 자라다 보니 목욕문화가 거의 없었다.

일 년 동안 명절이나 특별한 날에는 목욕했지만, 읍내에 있는 대중목욕탕에서 한 게 아니고 가마솥에 나무로 불을 지펴 물을 따뜻하게 데운 후 김장할 때 쓰는 플라스틱으로 만든 큰 대야에 물을 붓고 거기에 들어가서 몸을 불린 후 비누로 씻어내는 게 고작이었다. 이것도 일 년에 한두 번 정도였으니 목욕에 대한 개념은 없었고 당연히 습관화되어 있지 않았다. 이런 행위는 안타깝게도 누님들도 마찬가지였다. 물론 씻는 횟수는 훨씬 더 많았겠지만 불편하고 개운하지 않았을 것을 생각하면 지금도 가슴이 아프다. 그 당시에 누님들 등은 내가 단골로 밀어줬는데 좀 더 성의껏 깨끗하게 밀어줄 걸 하는 아쉬움이 불현듯 묻어난다. 초등학교 때까지 그렇게 목욕했고 중학교를 읍내로 진학하면서부터 목욕탕이라고 하는 곳을 출입하게 되었다.

처음이라고 하는 것은 누구에게나 어색하고 불편하다.

누님에게 홀랑 벗고 때를 밀고 비누칠하게 몸을 맡긴 것은 전혀 부끄럽거나 쑥스럽지 않았는데 남자들만이 득실거리는 목욕탕에 홀랑 벗고 들어갔을 때는 적잖이 당황하고 어색하고 부끄러웠다. 물론 겉으로는 아주 태연한 척했지만, 눈을 어디에다 두었는지 어떤 순서로 목욕했는지 어떻게 때를 밀었는지 전혀 기억이 없다. 다만 따뜻한 물에서 씻고 나오니 하늘을 날아 올라갈 수 있을 만큼 개운하고 상쾌했다는 것은 기억난다.

친구와 같이 간 거 같은데 확실한 것은 아버지와 같이 가지 않았다는 것이다. 그 당시에 아버지는 농사를 지으셨고 목욕탕은 구경조차 못 하셨을 것이다. 처음에 아버지가 아들 손잡고 목욕탕을 안내해 주셨더라면 뚜렷한 추억과 기억으로 남아있을 텐데 안타깝게도 아버지는 그런 문화를 알지 못하셨다. 그러니 그 당시에 아들 손잡고 목욕탕을 가지 않은 것은 지극히 당연하다. 나중에 내가 아버지 손잡고 목욕탕에 갔을 때는 이미 세월이 많이 흘러 당신 혼자서 몸에 있는 때를 밀 수 없을 때였다. 아버지 손잡고 조심조심 탕에 들어가고 시원하게 등을 밀어드린 날들이 분명 많았지만 좀 더 좀 더 많이 갈 걸 하는 아쉬움으로 괜스레 회한이 몰려올 때가 많다.

내게는 아들이 둘 있는데 딸만 가진 친구들이 가장 부러워하는 것 중 하나가 아들 손잡고 목욕탕 가는 것이었다. 지금이야 딸 가진 아빠들이 큰소리 치지만 그 당시만 하더라도 아들 손잡고 목욕탕 가는 것이 아빠들의 변하지 않는 로망이었다. 그것을 실천할 수 있는 아빠들은 의기양양하고 실천하지 못하는 아빠들은 괜스레 시샘하는 게 친구들 사이에 일어난 소소한 이야기였는데 돌이켜 생각하면 잔잔한 미소가 입가에 번진다. 나는 아들이 둘이 되다 보니 행복한 시간을 많이 가졌다.

어릴 때는 아빠하고 어딜 가더라도 졸졸 따라다니므로 목욕탕 가는 일이 힘들거나 살살 달랠 필요까지는 없었지만, 초등학교 5학년부터는 괜히 한 발 빼는 행동을 하여 반강제로 목욕탕을 데리고 다녔다. 아이들은 태생적으로 물과 노는 것을 좋아하여 유치원까지는 목욕탕을 가더라도 특별한 시간을 할애할 필요 없이 바가지와 수건만 챙겨주고 내버려두면 자기네끼리 잘 놀았다. 덩치가 작으니 둘이라 하더라도 때 밀어주는 시간은 그리 많은 시간이 소요되는 게 아니어서 나 혼자서 이런 저런 생각할 시간이 충분하여 마냥 좋았다. 물론 넘어질까 봐 신경은 곤두섰지만 일일이 따라다니지 않은 것만으로도 내 시간을 온전히 가질 수 있었다.

아이들을 살살 꾀어서 목욕탕을 갔을 때 가끔 난처한 일이 벌어질 때가 있다. 아이들을 목욕탕에 데리고 가려면 확실한 명분과 사후 보상을 제시해야 한다. 사후 보상이야 목욕 후에는 목이 마르므로 식혜나 음료수면 충분한 당근이 될 수 있지만 목욕탕을 가기 위한 명분을 찾기는 그리 쉽지 않다. 그래서 아이들 몸에 때가 많으므로 깨끗하게 씻지 않으면 벌레가 생긴다고 엄포를 놓으면서 데리고 가는 경우가 많다. 때를 제대로 벗겨내려면 먼저 탕 속에서 몸을 충분하게 불려야 하는데 이것이 일차적인 난제이다. 피부가 두꺼운 어른들 기준으로는 뜨겁지 않고 알맞은 수온이지만 피부가 얇은 아이들 기준으로는 펄펄 끓는 물이라 생각하기 때문에 선불리 탕 속으로 들어가지를 않는다. 강제로 물속으로 넣을 수도 없고 스스로 탕 속으로 들어갈 일도 없고 세월아 네월아 하면서 마냥 기다릴 수도 없는 노릇이다. 이때 나름대로 노하우가 필요하다. 먼저 아이를 두 팔로 꼭 안고 탕 속으로 들어간다. 내 자식이어서 그러겠지만 보들보들한 피부와 물기를 가지고 있는 아이를 안고 있으면 피부끼리 찰싹 닿는 접촉면이 너무나 달싹하여 세상천지 이보다 더 행복한 순간은 없다. 아~ 그때가 갑자기 그립다. 온천탕 속에서 아이를 안고 물속을 천천히 걷다가 힘에 부친 척하면서 일단은 걸쳐 앉는다. 그러면서 자연스럽게 물을 온몸에 뿌려준다. 아이는 이때 아빠가 자기를 탕 속에 넣으려고 하는 속셈을 간파하고 아빠 팔을 빗어나려고 하지만 지극한 부성애에 따른 팔의 완력을 이겨낼 수가 없다. 팔에 더 힘을 주면서 물이 참 따뜻해요 목욕하고 무엇을 먹을까요 아들 등에 때가 많아서 아빠 손에 막 잡혀요 등등 온갖 미사여구를 동원하여 아들 정신을 혼미하게 한 후 걸터앉은 몸을 자연스럽게 탕 속으로 천천히 내린다. 그러면 아들은 아빠 목을 잡고 위로 더 위로 올라가지만, 다리 부분이 물과 닿으면서 생각보다 덜 뜨겁다고 느끼는지 목을 잡은 팔에 힘이 빠지기 시작한다. 이럴 때 잽싸게 전체 몸을 탕 속에 넣고 5초 정도만 꼭 잡고 있으면 조금 발버둥을 쳐도 이내 잠잠해지고 적응하기 시작한다. 적응하는 낌새가 보이면 작은 바가지를 손에 쥐어주고 30초 정도만 같이 놀아주면 혼자서 신나게 물속을 헤집고 다니고 몸 불리는 행위는 저절로 해결되는 것이다. 이때 대중탕이라는 것을 각인시켜 줘야만 남들에게 피해를 주지 않으므로 주지시킬 필요가 있다. 몸을 충분히 불리고 난 다음에는 때밀이 수건으로 때를 밀어야 하는데 가장 난처한 것은 밀어도 밀어도 때가 나오지 않을 때이다. 때를 없애지 않으면 벌레가 생긴다고 꼬셔서 목욕탕을 왔는데 막상 때가 안 나오면 당황할 수밖에 없다. 사실 아이들은 엄마가 거의 매일 집에서 씻기기 때문에 때가 그리 많지 않은 게 사실이다. 그래도 아빠들은 아들하고 목욕탕을 가고 싶어서 이런저런 구실을 만들어 데리고 가는 것이다. 그것이 아빠에게는 큰 행복이고 사랑이고 아빠로서 뭔가 뿌듯함을 갖게 한다. 때가 나오지 않으면 아빠의 명분이 서지 않으므로 어떻게든 굵은 때가 나와서 아이들 눈으로 확인하게 만들어야 하므로 꺼칠한 때수건으로 좀 더 세게 팔과 다리를 밀 수밖에 없고 그러면 아이들은 아파죽겠다고 아우성치지만 벌겋게 달아오른 아들의 피부를 안타깝게 보면서도 끝까지 때 한 부분을 벗겨내어 아들 앞에 내밀어야만 그날의 명분은 끝이 난다. 아이들에게는 많은 양의 때를 증거로 보여줄 필요는 없다. 때수건에 밀려 감겨 있는 한 톨의 죽은 세포 즉, 한 조각의 때만 보여주면 자기 몸에 때가 많다는 것을 인정하고 다음에도 순순히 따라다니게 된다.

몇 번의 때를 밀어주었는지는 모르지만, 세월이 흘러 아들 손잡고 목욕탕에 가더라도 뜨거운 탕 속에 데리고 들어가기 위해 온갖 술수를 꾀하는 일도 없어졌고 때수건으로 때를 밀었을 때 때가 나오지 않아 당황할 일도 없어질 만큼 아들들이 훌쩍 커버렸다. 물론 아들들이 성인이 된 지금도 목욕탕에 가면 때를 밀어준다. 단순히 등만 밀어주는 게 아니고 어릴 때와같이 전신의 때를 밀어준다. 솔직히 어릴 때를 회상하며 즐겁게 신나게 때를 밀 때도 있지만 귀찮거나 힘에 부칠 때도 있다. 이 녀석들은 본인이 충분히 할 수 있는데도 몸을 불리고 난 다음에는 때 밀어달라고 나에게 전신을 맡긴다. 어릴 때를 생각하며 이렇게 하는 것이 아빠를 행복하게 한다고 생각하는 건지 목욕탕 가기 싫은데 아빠가 반강제로 데리고 왔으니 때 정도는 밀어주어야 한다고 생각하는 건지 때 미는 아저씨에게 주는 비용을 아끼려고 하는 건지 정말로 아빠의 손길이 그립고 피부가 접촉되면서 아빠의 사랑을 확인하고 싶은 건지 알 수는 없지만 아들들하고 목욕탕 가는 길은 여전히 즐겁고 신바람 난다.

한때에는 두 녀석 다 군에 입대하여 매주 같이 목욕을 갈 수는 없었지만, 목욕탕을 같이 가고 싶어서 휴가 나올 때를 손꼽아 기다릴 때도 있었다. 혹시나 군에서 구타당했거나 싸움을 해서 몸에 멍든 자국이나 상처는 없는지 이상한 문신을 몸에 걸치고 다니지는 않는지 살펴보는 것도 중요한 일이었지만 무엇보다 뜨끈한 탕 속에서 어른이 되어가는 아들과 도란도란 이야기 하면서 옛날 일도 떠올려보고 장래에 관한 이야기도 하면서 보내는 재미가 생각보다 훨씬 더 쏠쏠했기 때문이었다.

아들들이 서로 내 전신의 때를 밀어주겠다고 양보하지 않는다면 더더욱 신바람 나고 즐거울 수도 있겠지만 아직은 내가 두 아들 때를 밀어줄 수 있다는 게 근력이 있다는 것이고 아들들이 만족한다는 것은 아빠에 대한 믿음과 사랑이 있다는 것이니 흐뭇함이 더 크다고 할 수 있다.

교정에 내린 가을

재잘거리는 아이들의 목소리에 가을이 묻어왔다.
운동장 한켠에 홀로이 서 있는 은행나무에도 노란 가을이 왔고
파란 하늘 높이만큼 우리네 가슴에도 가을이 왔다.

해맑은 아이들의 웃음소리는 청아한 가을이고
근심 많은 어머니의 잔소리는 투박한 가을이고
난제 많은 선생님의 목소리는 무심한 가을이다.

세 갈래로 다가오는 가을 앞에서
회한의 그늘을 더듬어 보면
차가운 세상살이에 소름이 끼치고
매서운 살림살이에 비웃음이 웃는다.

따스하게 데펴진 교정의 훈훈함은
색 바랜 나뭇잎을 나그네로 만들지만
청아한 아이들 가슴에 감성을 심어준다

겨울도 녹일 수 있는 가을의 따스함이
교실과 교정에서 풋풋하게 피어오를 때
이삭까지 넉넉하게 남겨준 가을은
먼 길을 재촉하며 홀연히 걸어가리니

음식의 美學

음식은 사람이 먹고 마실 수 있도록 만든 모든 것을 일컫는 말이다.

사람이나 동물은 광합성이나 인공적인 충전을 통해 자연적으로 에너지가 발생하거나 보충되지 않는다. 오로지 입으로 삼켜지는 음식물을 통해서 체력이 유지되고 활동할 수 있는 여력이 생긴다. 아마도 콩알만 한 약 하나로 하루라도 지탱할 수 있는 물질을 개발한다면 그 사람은 일약 세계적 스타는 말할 것도 없고 몇십 대를 거쳐서도 먹고 살 일이 걱정되지 않을 것이다. 하지만 아무리 초과학적인 시대를 살아간다고 하더라도 입에 풀칠하는 일을 그리 간단히 해결하기가 쉽지 않다. 음식을 섭취하는 것은 인위적인 과학이 아니고 생리적인 본능이자 즐거움이다. 신(神)이 만든 본능을 사람이 통제하거나 제어할 수 없는 것이다. 오죽하면 먹다 죽은 귀신은 때깔도 좋다는 말이 있고 작전에 실패한 지휘관은 용서할 수 있어도 배식에 실패한 지휘관은 용서할 수 없다는 우스갯소리가 생겼겠는가?

당연히 살아있는 모든 생물은 살기 위해 음식을 섭취한다. 그런데 사람 중에는 먹기 위해 산다는 사람도 간혹 있다. 그만큼 먹는 즐거움이 크다는 것이다. 인생에서 성취와 보람을 갖는 것은 설정한 목표가 달성되거나 봉사를 통해 사회적 약자나 어려움에 부닥친 이들을 배려하고 도움의 역할을 할 때이고 기쁨과 즐거움은 사랑하는 이와 연애를 하거나 땀흘리며 운동에 매진할 때 그리고 맛있는 음식을 가족이나 친구들과 함께 먹을 때이다. 화가 나거나 짜증이 날 때에도 음식을 통해 스트레스를 푸는 사람이 있고 하려는 일이 꽉 막혔을 때도 조용히 혼자 음식을 먹으면서 반주를 곁들이고 골똘히 생각하며 타개책을 모색하는 사람도 있다. 반대로 배가 고프면 의욕은 말할 것도 없고 일에 대한 흥미나 관심조차 없으며 심지어 아무리 몸매가 빼어난 절세미인이 곁에 있다 하더라도 성적인 욕구가 생기지 않을 것이다. 전쟁은 절대로 일어나서는 안 되는 일이지만 만약에 전쟁하더라도 식량 보급이 원활해야 맹렬하게 전투할 수 있고 보급로를 차단하면 승기를 잡을 정도로 먹는 것이 중요하다. 이렇듯 사람이 살아가는 곳에는 어김없이 음식이 등장하고 음식의 양이나 질에 따라 노동의 강도가 다르고 가정의 빈부를 가늠할 수 있다.

언제부턴가 텔레비전에는 음식을 조리하는 프로그램이 우후죽순으로 생겨나서 시청자들에게 다른 프로그램을 선택할 수 있는 여지를 남기지 않은 경우가 있다. 맛이 있고 없고를 떠나 단지 요리하는 장면을 보고 싶지 않을 뿐인데 종합편성채널뿐만 아니라 지상파방송 채널마저 시청률을 의식하여 요리하는 화면만 가득하니 일반 시청자들은 울며 겨자먹기식으로 잘 알지도 못하는 음식이 만들어지는 과정을 멍하니 쳐다보기만 할 때가 있다. 그러면서 어깨너머로 배우기도 하지만 방송을 통해서 혹은 유튜브를 통해서 요리하는 기술을 터득하기는 쉽지 않다. 요리하는 기술이 하루아침에 뚝딱 만들어진다면 등급별로 나누어지는 요리사도 필요가 없고 세계적으로 이름난 고급 혹은 노포 식당이 존재하지 않을 것이다. 긴 세월 동안 배우고 익히고 다듬어야만 깊은맛이 우러나고 범접할 수 없는 기품이 묻어나며 며느리도 모르는 손맛이 다듬어지는 것이다.

나이가 들면 대부분 사람은 과거를 회상하면서 그때를 그리워하기도 하고 실현 불가능한 것을 알면서도 돌아가고 싶은 간절함을 대놓고 드러내는 경우가 있다. 단순히 어릴 적 기억만 하는 것이 아니라 지금 당장 그 당시에 있었던 일들을 재현하고 싶은 것이다. 동그라미 그려놓고 몸으로 밀치면서 하는 땅따먹기 놀이나 긴 막대기로 짧은 막대기를 멀리 보내놓고 길이를 재는 자치기 놀이나 술래잡기의 일종인 다방구 놀이나 고무줄놀이 말뚝박기 놀이 등은 지금 당장 할 수 없는 놀이기에 회상만 할 뿐이지 어떻게 할 도리가 없다. 그러나 음식은 그렇지 않다. 어릴 적 맛있게 먹었던 기억이 있는 음식은 지금 당장 언제든지 요리하거나 전문 식당에서 맛볼 수 있다. 물론 그때의 맛과 같을 수는 없지만 그래도 입(口)을 즐겁게 하고 배를 든든하게 할 수 있어서 마냥 행복한 미소를 지을 수 있다.

내가 어릴 적에 특히 맛있게 먹었던 음식은 호박에다가 찹쌀가루를 더해서 끓인 호박범벅과 가마솥에다 김치와 식은밥을 넣고 볶은 김치볶음밥, 양은 냄비에 삶은 살짝 눌어붙은 하지감자 그리고 손두부 넣고 보글보글 끓인 된장찌개이다. 이 중 호박범벅과 김치볶음밥, 찐 감자는 둘째 누님이 시집가기 전까지 간식 겸으로 직접 요리하여 만들어준 음식으로 먹어도 먹어도 질리지 않은 가성비 최고의 음식이었다. 지금도 시중에는 이와 같은 음식이 천지에서 요리되거나 가공되어 판매되고 있지만 그때 그 맛을 상기시키기에는 턱없이 부족하다. 호박범벅은 늙은 호박의 껍질을 벗겨내고 숭덩숭덩 썰어 찹쌀가루와 함께 가마솥에 펄펄 끓이면 호박과 찹쌀가루가 저절로 엉겨 붙어 씹는 맛이 단맛과 함께 쫄깃하고 호박 향내가 입안을 사로잡는다. 이 맛은 어릴 적 먹어본 후 시중을 샅샅이 뒤져봐도 여태껏 비슷한 맛을 경험한 적이 없다. 독특한 재료나 기술이 더해져서 특별한 맛을 냈다기보다는 먹을 것이 부족하고 단맛이 나면서 누님이 가마솥에다 정성스럽게 해준 음식이다 보니 더더욱 맛난 것이 아닐까 싶다. 지금도 그때 그 맛을 못 잊어 시골에서 생산한 늙은 호박을 가져와서 아내에게 해달라고 하면 나름대로 요리를 잘하는 편인데도 그렇게 해본 적이 없어서인지 선뜻 만들어주지 않아서 야속할 때가 있다. 나는 선천적으로 요리를 잘 못한다. 그래서 내 손으로 무엇을 어떻게 할 수가 없으니, 아내가 안 해주면 어쩔 도리가 없어서 그때 그 맛을 추억으로만 먹을 수밖에 없다. 김치볶음밥은 땅속에 묻은 항아리에서 갓 꺼낸 김치를 대가리와 함께 세로로 자르고 식은밥을 가마솥에 넣은 후 아궁이에 불을 지피며 주걱으로 살살 뒤집어주면 김이 모락모락 나면서 김치가 익는 맛난 냄새가 코를 찌르고 입안에 군침이 솟아난다. 이것은 어렵지는 않지만, 숙성된 싱싱한 김치와 가마솥이 아니면 이런 맛을 낼 수가 없기에 도심에서는 맛볼 수 없는 어릴 적 시골집에서만 먹을 수 있었던 음식이었고 정말 맛있었다. 김치의 아삭함을 유지해 주는 김치냉장고에서 꺼낸 김치와 최고 기술로 만든 냄비에 식은밥을 넣고 가스레인지나 인덕션 위에서 주걱으로 아무리 잘 뒤집어줘도 결코 그때 그 맛을 재현할 수도 없고 따라갈 수도 없다. 이것은 어릴 적 먹었던 음식에 대한 단순한 향수가 아니고 재료와 조리 기구의 차이에서 오는 확실한 맛의 차이이다.

감자는 간식이기도 하였지만 주식인 경우도 많았다. 먹을 것이 없어서 밥 대신 먹었다는 의미보다는 맛있어서 자꾸 먹다 보니 배가 불러 밥을 안 먹었다는 뜻일 것이다. 여름날 초등학교를 다녀오면 가방을 팽개치고 가장 먼저 하는 동작은 양은 냄비를 열어보는 것이었다. 열어본 순간 냄비 바닥에 살짝 눌어붙은 감자나 옥수수가 반겨주면 득달 없이 낚아채어 입안으로 쑤셔 넣으면서 행복해하고 행여나 텅 비어 있으면 대략난감하거나 다리에 맥이 풀려 힘없이 주저앉게 된다. 이때 허기진 배를 어떻게 채울까를 생각하면 앞이 깜깜할 때가 있다. 그렇다고 부모님을 원망하거나 미워하지는 않았다. 간혹 부엌에 있는 찬장을 열어보면 식은밥과 볶은 콩가루가 있어서 식은밥 위에 콩가루를 뿌리고 섞어 먹으면 감자와 비길 맛은 아니지만 허기는 채울 수 있었기 때문이다.

된장찌개는 가족끼리 둘러앉아 먹는 아침상에 빠지지 않는 음식이었다. 낡은 냄비에다가 직접 담은 된장을 넣고 시골 동네 누군가가 엮어 낸 손두부를 얹은 다음 밥 짓고 남은 잔불에 보글보글 끓이면 이 맛은 천하별미이다. 특히 적당히 끓여진 손두부 맛은 지금도 잊을 수가 없어서 그때 그 맛을 찾아 돌아다녀 봤지만, 여태껏 찾지 못하였다. 두부는 된장찌개의 화룡점정으로 마지막에 투하하는 것인데 기계를 이용하여 자동으로 찍어내는 두부는 영양가는 있을지 모르지만, 맛은 그다지 고소하거나 부드럽지 않아서 나는 개인적으로 썩 좋아하지 않는다. 어릴 적 어머니가 동네 아지매들 하고 콩을 맷돌에 직접 갈아서 가마솥에 쪄낸 두부를 숟가락으로 간장을 떠서 두부 위에 얹어 먹는 황홀한 맛을 잊을 수 없는 나이기에 기계로 무의미하게 만든 두부를 좋아할 리가 없는 것이다. 어릴 적 아침 밥상에서 된장찌개에 투하된 두부 맛이 어제와 다르면 아버지는 숟가락을 놓으실 정도로 맛에 민감하셨다. 아버지 입맛이 까탈스러우셨다는 것이 아니고 특유의 구수한 맛에 습관이 들여지셨다는 것이다. 아버지가 지적하시면 어머니와 누님은 체념하시듯 어제와 다른 집에서 두부를 사 왔다고 실토를 하시면서 그 맛이 그 맛인데 뭘 그러시냐고 한 마디 내뱉으면서 내일은 꼭 같은 집에서 구매하겠다고 약속을 하시지만 한 번 놓으신 아버지의 숟가락은 다시 들려지지 않았다. 어릴 적에는 아버지의 행동이 지나치다는 생각을 했지만 지금 내가 된장찌개에 들어간 두부가 맛이 없으면 숟가락을 놓지는 않지만, 국물과 다른 건더기는 먹더라도 두부에 손을 대지 않는 행동을 하는데 아내에게 미안하기는 하지만 한편으로는 아버지의 입장을 조금이나마 이해한다. 암튼 된장찌개는 우리나라 사람들에게는 최애 식품이고 건강에도 좋으니 맛있게 자주 끓여 먹으면서 모두 건강하면 좋겠다.

해외여행을 다녀보면 그 나라 고유의 음식이 있고 피자와 같이 세계적으로 공통된 음식이 있다. 중요한 것은 고유 음식이든 공통 음식이든 가리지 않고 씩씩하게 섭취하는 게 중요한데 이것저것 다 잘 먹으면서 소화하는 사람은 그다지 많지 않다는 것이다. 당연한 이야기이지만 어릴 때부터 지금까지 먹어온 맛에 익숙하지 않은 음식을 섭취하는 것은 결코 쉽지 않다. 짜거나 맵거나 싱겁거나 냄새나거나 거부감이 드는 재료이거나 종교적 신념으로 섭취하지 않은 음식을 대할 때에는 어느 누구를 막론하고 그 음식에 선뜻 젓가락이 가지 않는다. 이런 행동을 괜히 트집 잡아 입이 짧다는 둥 마누라가 힘들겠다는 둥 농담 삼아 막말하는 경우가 있는데 당사자는 죽을 맛이라는 사실을 알고 함부로 이야기하는 일은 자제하는 것이 좋다. 함께 안타까워 해주고 섭취할 수 있는 방법을 찾아 에너지가 보충될 수 있도록 도와주는 것이 기본적인 도리이다. 나는 개나 뱀, 귀뚜라미같이 징그럽거나 혐오식품인 것을 제외하고 국내이든 국외이든 못 먹는 것이 없을 정도로 음식을 가리지 않고 잘 먹는 편이다. 특히 외국에 갔을 때 함께 간 동료들이 낯설어 손을 대지 않는 음식이라도 특별하지 않으면 맛있게 먹으려 하고 그 나라 그 지역의 전통 음식은 꼭 찾아서 맛보려고 한다. 도저히 입에 넣을 수 없을 정도로 냄새가 나거나 보기에 흉측한 음식은 솔직히 피하지만 어지간하면 맛을 보면서 음식의 기원과 요리 과정을 알고 싶어 한다. 요리를 아무리 잘해도 맛있게 먹어주는 사람이 없으면 정성껏 요리한 요리사는 힘이 빠지고 의욕도 없고 자신감도 상실하게 된다. 요리사의 눈치를 보라는 것이 아니고 정성을 인정해 주고 엄지척을 해주면 요리사는 맛있는 음식을 기둥뿌리를 뽑아서라도 끊임없이 공급할 것이다. 별로 어렵거나 번거로운 일이 아니므로 실천해 보면 틀림없이 효과가 있을 것이다. 나는 어릴 때부터 음식을 남기거나 함부로 버리면 천벌을 받는다는 부모님과 어르신들의 의미 있는 잔소리를 귀가 닳도록 들었고 성인이 되면서 그 말이 일리가 있고 지극히 맞는 말이라 생각되어 실천하고 있다. 그 영향인지 우리집 아이들도 어지간하면 한 번 손댄 음식은 남기지 않고 그릇을 비우는 편이다. 쉽지 않은 일인데 아이들에게 고마울 따름이다.

음식은 앞에서도 언급했듯이 우리 몸을 지탱시켜 주고 활동할 수 있도록 에너지를 발산시켜 주는 필수적인 요소이다. 암(癌) 같은 중병과 투병하는 경우에도 음식을 섭취하지 못하여 굶주림이 지속되다 보니 장기(臟器)들이 제 기능을 못 하면서 사망하고 길거리에 쓰러진 들고양이나 유기견들도 결국 음식을 공급받지 못하여 죽는 것이다. 아무것도 섭취하지 않으면 누구라도 오 일을 버티지 못하고 쓰러질 것이며 단식투쟁을 할 때에는 음식은 아니더라도 물을 공급하므로 좀 더 오래 버틸 수가 있다. 엄격히 따지면 오 일 이상 버티는 것은 단식투쟁이 아니고 절식 투쟁이라고 봐야 한다. 간혹 지진으로 십여 일을 갇혀있다가 기적

같이 구조되는 경우가 있는데 이것 또한 스며든 빗물이나 남겨진 음식 찌꺼기를 섭취했기에 가능했던 일이다.

옛말에 음식으로 못 고치는 병은 약으로도 못 고친다는 말이 있고 먹는 것이 하늘이다 라는 말이 있다. 개인별로 공감하는 사람도 있겠지만 터무니없는 말이라고 생각하는 사람도 있을 것이다. 나는 이 말을 백프로 공감하고 음식을 골고루 맛있게 섭취하려고 한다. 비록 맛이 없더라도 요리한 사람의 성의를 생각하고 맛있다는 신념을 가지고 맛있게 먹으면 다 피가 되고 살이 된다는 철학을 가지고 지금까지 살아온 덕분에 아프지 않고 건강하게 살아가고 있다.

상인과 거지

한 거지가 지하철 입구에서 연필을 팔고 있었습니다. 한 상인이 급히 지나가다 동전 몇 개를 거지의 동냥 그릇에 던져놓고는 그만 연필을 받는 것을 잊어버리고 가버렸습니다.

한참 뒤 그 상인이 되돌아왔습니다. 그러면서 거지에게 이렇게 말했습니다. "미안해요. 연필 받는 것을 잊어 버렸습니다. 그러고 보니 당신이나 나나 모두 상인이로군요."

몇 년이 지났습니다. 상인이 한 고급 파티에 참석하게 되었습니다. 파티 석상에서 멋진 옷차림의 모르는 사람이 그에게 다가와 "정말 고맙습니다."라고 인사를 건넸답니다. 상인이 어리둥절해

"누구십니까?"라고 물어봤고요.

"몇 년 전 지하철역에서 연필을 팔던 거지가 생각나십니까? 바로 접니다."

상인은 어떻게 된 일인지 얘기해 달라고 했습니다.

"선생님이 그때 저에게 '당신이나 나나 모두 상인이로군요.'라고 했던 말이 기억나십니까?

그 말을 듣고 저는 충격을 받았습니다. 그전에는 저는 거지라고만 생각했거든요.

선생님의 말씀을 들은 뒤 저는 거지 생활을 청산하고 밤낮을 가리지 않고 일을 했습니다.

지금은 조그만 회사를 하나 경영하고 있지요."

이 글을 쓴 필자는 중간에 제 생각을 끼워 넣었습니다.

"나는 무엇을 하는 사람인가? 상인인가 아니면 연필을 파는 거지인가? 사람은 모두 동일한 인생 출발선상에 있다. 그러나 일과 삶에 관한 생각의 차이에 따라 사람의 인생은 바뀌는 것 같다."라는 것이었습니다.

다시 필자의 글입니다.

"나에게는 두 친구가 있습니다. 한 명은 대기업의 마케팅 책임자인 마(馬)이고, 한 명은 잡지사에 다니는 마오(毛)입니다. 두 친구는 같은 대학의 신문학과에서 함께 공부한 사이입니다.

졸업 후 신문사에 취직한 마는 3년 뒤 기자보다는 사업을 해야 돈을 벌 수 있겠다고 생각하고 칭화대의 MBA 과정에 지원했습니다. 그는 친구인 마오에게 같이 지원할 것을 권했습니다만 마오는 거절했습니다. 당시 마오는 직장에서 꽤 능력을 인정받고 있었고 여러 곳에서 원고 청탁이 들어와 수입도 괜찮다고 생각해 친구의 권유를 뿌리쳤다고 합니다.

또 MBA를 지원하려면 몇만 위안의 학비를 내야 하므로 손해라고 생각했기 때문이지요.

몇 년이 지났습니다. 마는 대기업의 마케팅 책임자로 연봉 수십만 위안을 받는 능력 있는 비즈니스맨으로 변신했지만, 마오는 지금도 원고를 쓰고 남의 원고를 청탁하는 월급쟁이 그대로 머물러 있다고 합니다.

農事 이야기

'할 일 없으면 시골 가서 농사나 지어야지'

이 말은 자신이 직접 이야기하거나 주변에서 수없이 많이 들은 이야기일 것이다. 그만큼 만만하거나 쉽게 접할 수 있는 일이고 특별한 기술이나 경험을 필요로 하지 않는 일이라 생각하기 때문에 누구나 부담 없이 내뱉는 말이다. 그러나 이 말을 하고 실천한 사람 중에 후회하지 않거나 내뱉은 말을 철회하지 않은 사람은 아마도 없을 것이다. 그만큼 육체적으로 힘들고 정신적으로도 힘들고 고도의 기술이 필요하다는 뜻이다.

그러면 왜 농사가 심심풀이 땅콩이 될 정도로 만인들에게 회자되고 만만하게 보였을까? 아마도 추측하건대 산업화가 빠르게 진행되면서 농촌에 거주하던 사람들이 도시로 이주하고 그에 따른 신기술을 배우면서 월급을 받게 되고 나아가 조직 생활을 하면서 온갖 쓴맛 단맛을 맛보고 고통을 느끼며 삶의 회의도 느끼고 능력의 한계에 도달하다 보니 탄식하면서 저절로 다시 농사지으러 가겠다는 말이 변천된 것이 아닌가 싶다. 이런 말이 유행처럼 번지면서 농사를 얕잡아보고 현재 하는 일보다 쉽다고 생각하여 너도나도 툭 던진 말일 것이다.

한때는 농촌 드라마가 최고의 시청률을 사로잡은 때가 있었다. 농사를 직접 지은 노년층에게는 당신들이 주인공이 되어 대리 만족을 하게 되고 부모님 농사를 거들었지만, 지금은 농촌을 떠나 도시에 거주하는 중장년층에게는 향수를 불러오고 취업을 앞둔 청년층에게는 농업에 대한 일말의 호기심과 장래를 생각하게 하여 관심을 가지면서 꾸준히 시청하니 인기가 많았던 것이다. 그렇다고 농촌 인구가 늘어날 정도로 효과가 있었던 것은 아니지만 도시민들에게는 드라마에서나마 푸근한 농촌 생활을 맛볼 수 있었다.

주지하다시피 농사는 드라마에서 낭만적으로 보였다거나 자유로운 생활이 보장되는 것으로 보였다고 해서 그런 생활을 기대한다면 큰 오산이다, 물론 부분적으로는 틀림없이 낭만도 있고 자유도 있지만 결코 저절로 오는 것은 아니고 부단한 노력과 일정한 단계를 벗어날 정도의 이력이 있어야 가능한 일이다. 최근에 귀촌이나 귀농을 택한 젊은 세대들은 아니겠지만 토지를 대대로 경작하는 농부 대부분은 하루가 고단하고 기댈 언덕이 없고 미래가 암울하지만, 숙명적으로 받아들이면서도 벗어나고 싶은 욕구를 가지게 하는 직업이 농사이다. 자연을 벗 삼아 땀흘리고 수확하면서 보람도 있지만 그만큼 고달프다는 것이다.

농사는 반은 하늘이 반은 사람이 짓는다고 한다. 어느 한쪽이 악착같이 노력하고 애쓴다고 해서 풍년이 되어 소출이 늘어나고 품질이 좋아져서 수매가격이 상승하여 떼부자가 되지 않는다는 것이다. 하늘은 사람을 믿고 사람은 하늘을 믿으면서 상호보완하여 함께 지어야만 대풍도 맞이하고 금전적인 이득을 취할 수 있다는 것이다. 그러나 하늘이 하는 일은 사람이 죽었다 깨어나도 모르는 일이므로 농사도 역시 운칠기삼의 오묘한 논리가 적용된다고 볼 수 있다.

나는 산촌 출신이다 보니 농촌 관련 뉴스나 농사 관련 정보가 흘러나오면 나도 모르게 귀가 솔깃해지고 관심을 두고 자세히 듣거나 보려고 한다. 물론 당장 뭘 어떻게 할 수 있는 상황은 안 되지만 어렴풋이 기억하고 있다가 나중에라도 요긴하게 써먹을 수 있지 않을까 해서 관심도 가지겠지만 본능적으로 반응하는 게 아닐까 싶다. 그중에서도 마음 아픈 소식으로는 가뭄으로 논바닥이 쩍쩍 갈라진다는 이야기, 태풍이나 홍수로 비닐하우스가 무너지고 익어가던 과일이 떨어지고 벼가 물에 잠겨 쓰러진 이야기, 또 아름답게 피던 과일 꽃이 냉해로 얼어서 바닥에 떨어진 이야기 등등이다. 이런 이야기가 고향이 농촌이든 산촌이든 시골 출신에게는 뼛속 깊이까지 근심이 파고들어서 하던 일에 마음이 안 가고 온통 일기예보나 고향 소식에 귀를 기울이게 된다. 그러다가 가뭄이 해소되고 물에 잠겼던 벼들이 되살아나고 과수나무들의 피해가 예상보다 적었다는 소식을 접하면 안도의 한숨을 쉬고 편안한 마음으로 다시 일상으로 돌아간다. 농사를 조금이라도 접했거나 경험해 본 사람들은 충분히 공감할 것이고 인력으로만 마땅한 돌파구를 찾을 수 없으니 더더욱 안달이 났던 것이다.

몇 년 전에 고향에 집을 짓고 사과나무 세 그루 복숭아 한 그루 자두나무 한 그루 대추나무 두 그루 호두나무 한 그루를 심고 집 앞에 텃밭을 조성해 놓았다. 이 중 복숭아나무 한 그루는 저절로 나고 자라서 두 그루가 되었고 감나무는 진작부터 있었던 나무라서 저절로 합류되어 총 열 그루가 되었다. 꽤 많은 과수나무를 한 달에 한두 번씩 나름대로 가꾸며 거름도 주고 농약도 뿌리면서 알차게 기르고 있었는데 어느날 대추나무 한 그루가 가지가 찢어질 정도로 풍년이 들어 흐뭇함을 감추지 못하고 수확할 날짜를 세던 중 갑자기 시름시름 앓더니만 주렁주렁 매달린 보석 같은 대추 알맹이를 가슴에 품고 괴사하고 말았다. 정확한 이유는 알 수 없지만 애지중지하던 과일나무가 갑자기 죽어버리니 기분은 말할 것도 없고 속상한 마음에 죽은 나무를 원망하면서 측은한 마음으로 한동안 말을 잃고 멍하니 쳐다보았다. 결국 죽은 나무를 베어내고 한풀이 하듯 땔감으로 사용하고 난 다음에야 잊을 수 있었지만 죽음에 대한 묘한 감정을 쉽사리 떨쳐버리지 못했다. 과일나무든 곡식이든 사랑하는 마음은 한없이 깊은데 한 달에 한두 번 내려가서 과수나 텃밭을 가꾸는 일이 여간 힘든 게 아니다. 나는 산촌에서 태어나고 자란 전형적인 시골 촌놈이다. 그러다 보니 농사도 거들었고 가축에게 여물도 끓여줬고 겨울에는 지게 지고 땔감도 하러 다녔다. 물론 부모님처럼 전문적으로 농사일을 하거나 기업형 우사를 운영하면서 많은 가축을 기른 것은 아니어서 기술이나 경험이 필요한 농사일을 숙련되게 잘하는 건 아니다. 그러나 생명의 고귀함을 알기에 씨를 뿌리거나 모종을 심으면 반드시 자라나서 꽃이 피고 열매를 맺고 수확하는 일련의 과정이 순탄하게 이루어지는 것이 당연해야 하는 일이고 자연의 이치라고 생각하는 사람이다. 당연히 부끄러운 생각이고 사치스러운 생각이다. 씨앗이나 모종을 심으면 저절로 새싹이 돋아나고 알아서 쑥쑥 자란다면 어느 누가 농사일 하기가 어렵다 말하고 고달프다 말하고 벗어나고 싶다는 욕망을 대놓고 드러내겠는가?

적당한 햇빛과 산소와 물이 공급되어야 하고 비료나 거름 같은 영양분이 골고루 주기적으로 뿌려져야 하며 해충이나 오염으로 발생하는 병균을 퇴치해야 하고 끊임없이 자라나는 잡초를 제거해야 그나마 죽지 않고 살아갈 수 있다.

거기다가 주인의 발자국 소리를 자주 들려주면서 달래도 주고 얼레도 주면서 따뜻한 대화를 주고받으며 교감을 하고 칭찬도 하고 위로도 해야만 말 없는 과수나 곡식이 신바람이 나서 키도 크고 몸도 크고 뿌리도 탄탄해져 열매가 굵게 자라면서 튼실해지고 영양분을 가득가득 품게 되는 것이다. 이런 작업들이 수시로 행해지고 반복되어야만 비로소 수확의 기쁨을 누리고 보람을 가지며 흙을 사랑하고 자연을 벗 삼을 수 있는 것인데 고작 한 달에 한두 번 과수나 곡식에게 생색내면서 잘

부탁한다고 한들 과수와 곡식이 응답할 리가 만무하다. 뿌린 만큼 거둔다는 황금률은 농사일에도 어김없이 적용된다.

이런 몽매한 사람이 주인이라 하더라도 순박한 씨앗과 모종은 기쁨과 즐거움을 아낌없이 준다. 땅이 비록 척박하더라도 새순은 돋아나고 자라나며 영양분이 부족하여 왜소하더라도 꽃은 피어나고 벌과 나비들이 합창하면서 꽃과 꽃 사이를 부지런히 다니며 꽃가루를 싣고 수술을 도와주어 풍성한 열매를 맺게 해준다. 누가 뭐라든 자연은 늘 묵묵히 기본적 도리는 한다. 다만 사람이 좀 더 신경을 쓰면서 사기를 북돋아 준다면 몇 배의 기쁨을 준다는 것이다.

우리는 농경사회를 주축으로 나라가 운영되었고 지금도 규모가 크든 작든 연령대가 많든 적든 농사일에 종사하는 인구가 가장 많다. 수입을 따지고 저녁이 있는 삶을 비교한다면 농사일이 하찮을 수도 있지만 흙을 만지고 흙과 더불어 세상을 헤쳐 나간다는 신념이 있다면 결코 타 직업에 비해 가치 면이나 성취 면에서 뒤처지지 않을 거라고 확신한다. 현실과 동떨어지는 무슨 말도 안 되는 논리냐고 일축할 수도 있지만 농촌에서 태어나고 무심히 흘러가는 세월 따라 지천명의 나이를 넘어서고 이순 나이에 가까워지면 충분히 공감할 수 있는 논리일 것이다. 귀촌이나 귀농을 생각하거나 처음부터 농사일을 천직으로 생각한다면 농자천하지대본의 뜻을 깊이 새기면서 고달프고 험난하지만, 다양한 신품종도 재배하고 영농 기술도 향상시키고 구슬 같은 땀을 흘리면서 지구인들이 마음놓고 먹거리를 즐길 수 있도록 꿋꿋하게 농지를 가꿔주면 좋겠다. 나 또한 기꺼이 합류하여 조상 대대로 물려받은 흙사랑을 실천하고 땀흘리며 수확하여 미력하나마 먹거리를 즐기게 하면서 삶의 희열을 맛볼 것이다.

홍등가의 삶

"그네들의 하루는 밤이슬의 부산물
아침이면
짧은 수면으로 간밤의 피로를 풀어버리고
잊어버린 얼굴들을 더듬어 가며
새로운 마음들을 기다려본다.

향수병 사이로 동전 한 닢 보이면
조그만 가겟집은 숙취 음료 판매를 시작하고
담배 집 아줌마는 혀끝을 찬다.

찌그러진 얼굴과 비뚤어진 마음들은
밤이면 다시 살아나고
신음에 목매어 울부짖는 가슴들이
뭇 남성들의 사랑을 배신하고 있다.

가려진 유리창 너머로 시간이 머물면
소주 한 잔의 취기는 용기를 채워주고
한 모금의 담배 연기는 인생을 엮어준다.

손짓하며 부르는 이름 없는 사람에게
착각하며 빠지는 곳 전곡 홍등가

그네들의 하루는
다시 밤이슬이 내려야만 시작되고
아침의 맑은 햇살은 거북스러운 잠으로 가는 신호이다.

愛酒家의 행복

인생에는 술 항아리 앞보다 좋은 곳이 없고
인생 백년을 보내는 데 있어서 술 만 한 것이 없으니
술잔이 돌아가거든 남기지 마시라

불과 몇 년 전만 하더라도 건강 관련 전문의들은 반주로 한두 잔 마시는 음주는 소화에 도움이 되어 건강에 이롭다는 과학적 논리를 펼쳤지만, 지금은 술 한 잔이라도 마시면 안 마시는 것보다 건강에 훨씬 더 해롭다는 논리를 펼치고 있다. 그래도 나는 절주를 하더라도 금주를 할 수 없다는 나름의 명분을 내세워 한잔하면 꼭 읊조리는 시(詩)이다.

조선시대 선비 중 누군가가 지은 시인데 이도록 애주가들의 마음을 대변하는 시는 없는 것 같다. 불과 세 구절로 술과 인생을 절묘하게 함축해 놓았으니, 나처럼 술을 찬양하는 사람들은 외우고 또 외워서 술좌석이나 술과 관련된 대화를 할 때 멋지게 읊으려는 욕심이 생기게 마련이다.

그래서 아무리 술에 취하더라도 이 시만큼은 머릿속에 콕콕 박혀있어서 저절로 읊조리게 된다.

대한민국 성인들 가운데 술과 거리가 먼 사람은 거의 없을 것이다.

흥과 한이 많고 독특한 인간관계를 형성하다 보니 술 문화가 발전되기도 하고 변질되기도 하여 술로 인한 희비가 끊이지 않는 국가가 되었다. 또래 친구를 만나도 술집을 가고 연인을 만나도 술집에 가고 직장의 업무가 끝나고도 술집을 찾고 기분 좋은 일이 있어도 술을 마시고 기분 나쁜 일이 있어도 술을 찾고 혼자서도 마시고 단체서도 마시고 반주로도 마시는 게 술이다. 물론 우리나라만 이런 문화가 있는 것은 아니다. 선천적으로 못 마시거나 트럼프 미국 대통령처럼 특별한 이유 때문에 술과 완전히 절연했다면 모를까 그 외 전 세계 성인들은 직, 간접적으로 술과 인연을 맺고 있다.

그래도 우리나라는 술은 아버지에게 배워야 한다는 준엄한 불문율 때문에 대부분 집에서 첫 잔을 마시는 경우가 많다. 꼭 거쳐야 하는 의식은 아니지만 왠지 아버지로부터 처음 술잔을 받았다면 아버지가 진정한 성인으로 인정을 해주는 것 같아서 뿌듯함과 동시에 정당한 절차를 통해 술에 입문하는 것 같아서 당당함도 함께 느낀다. 나는 솔직히 초등학교 5학년 때 장난삼아 마셔본 막걸리가 최초가 아닌가 싶다. 시골에서 모내기나 벼 베기 때 항아리 속에 받아 놓은 막걸리를 호기심에 마셔본 기억이 있다. 그때 나름 맛은 괜찮았던 거 같고 기분도 알 딸딸했던 거 같다. 그러다 보니 아버지로부터 첫 잔을 받지는 못했고 고등학교를 졸업하고 난 후에 아버지가 술 한 잔을 따라주신 기억이 있다. 특별한 예의나 절차 없이 담담하게 받아서 원 샷을 했던 거 같다.

술은 인류와 같이 시작되었고 인류가 사라지면 같이 사라지지 않을까 싶다.

내가 알기로는 최초에 원숭이를 통해 인간이 술을 인지한 것으로 알고 있다.

물속으로 떨어진 열매가 시간이 지나면서 숙성되어 발효되었고 그 물을 원숭이들이 먹고 기분이 좋아지는 것을 목격한 인간이 따라 하면서 술이 탄생한 걸로 알고 있다. 그 후로 숱하게 많은 술이 개발되고 상품화 되어 전 세계인을 기쁘게도 하고 슬프게도 하는 요술이 되었다.

술의 종류와 맛도 천차만별이어서 나라끼리 회사끼리 살벌한 경쟁을 벌이는데 아주 먼 인류의 조상이 본다면 가관일 것이다. 알맞은 도수로 마셔야 할 술이 라이터를 갖다 대면 불이 붙고 위장이 헐 정도의 높은 도수를 개발하여 단숨에 마시고 캬~하는 소리를 내며 굵은소금 한 줌 털어 넣게 하는 마케팅은 성스러운 술에 대한 예의가 아니고 상행위를 통해 돈을 긁어모으겠다는 심보일 뿐이다. 단순하게 기분 좋으라고 마셔야 하는 술이 감정을 폭발하게 하고 이성을 마비시켜 상대방을 당혹스럽게 만들고 스스로 마취되어 횡설수설하면서 자책을 넘어 자폭하는 경우도 있고 중독되어 패가망신하면서 일찍이 세상을 뜨는 경우도 있다. 이러한 몰골을 옛 성현들이 본다면 혀를 끌끌 차면서 통탄할 거 같다. 술은 풍류를 즐기고 인생을 즐기는 도구가 되어야 하는데 부족한 용기와 배짱을 심어주는 흉기가 되고 있으니 술을 사랑하는 사람으로서 안타깝기가 그지없다.

물론 술에 취하도록 마시고 싶을 때가 있다. 살다 보면 정말 속상할 때가 있는데 이럴 땐 술의 힘을 빌리지 않을 수 없다. 상사로부터 혹은 회사로부터 심한 모욕감을 받아서 살아갈 일이 아득하거나 지나온 일들이 물거품 될 때 사랑하는 사람과 뜻하지 않는 이별을 하게 되어 맨 정신으로는 세상을 지탱할 수 없을 정도일 때 추진하던 일이나 계획이 번번이 실패하거나 암담한 결과물로 도출될 때 나의 실수로 전체 혹은 단체에 큰 손해를 입히거나 좌절을 안길 때 충격적인 사고나 질병으로 자식을 가슴에 묻을 때 사랑하는 조국을 흉악무도한 타국에 빼앗겼을 때 괜한 우울증으로 세상의 끝이 보일 때 가장으로서 책임과 의무를 다 하지 못하고 전전긍긍하며 속앓이할 때 보고 싶은 가족이 어느 날 내 곁에 머무르지 않을 때 야망의 좌절 불합격의 슬픔 퇴출의 불안 선택받지 못한 현실 등등.

무수히 많은 고통을 술로 해결할 수는 없지만 잠시 순간만이라도 위로가 되고 망각하고 싶은 욕망 때문에 숱한 사람들은 술을 찾는다. 현명한 사람도 우매한 사람도 고통이라고 하는 공통 분모 앞에서는 눈물을 흘리며 이성을 마비시키고 싶어 하는 것이다. 단기간에 걸쳐 고통을 술에 호소하는 사람은 재기하는 사람이고 장기간에 걸쳐 술과 인연을 갖고 가는 사람은 폐인이 되는 것이다.

이와 반대로 기쁘고 즐거운 일을 오랫동안 간직하기 위하여 술을 마시는 경우도 있다. 취하는 속도가 느릴 수는 있지만 위장을 버리거나 기억력이 감퇴되는 현상은 매한가지이다. 자신이 추구하던 일들이 계획대로 이루어졌거나 초과 달성했을 때 아끼고 믿었던 자식이 기대를 저버리지 않고 과거시험에 장원으로 급제했을 때 사랑하는 사람이 장밋빛 사랑을 받아들였을 때 치열한 경쟁과 승부에서 승리의 여신이 자신 혹은 우리 편에게 손을 들어 주었을 때 힘든 여정의 프로젝트를 성공적으로 수행 후 만인에게 부러움의 대상이 될 때에도 술을 찾게 되지만 그때 마시는 술은 폭음이나 과음이 아니고 설레는 마음을 다독거리는 보약 같은 술이 되는 것이다. 그러나 술은 뭐니 뭐니 해도 풍류와 해학이 넘치고 보람과 즐거움이 가득한 자리에서 마시는 술이 보약 같은 술이다.

오래된 친구와 오래된 술을 마주할 때가 그러하고 논두렁 밭두렁에 비지땀 흘리며 씨앗을 뿌리거나 수확 후 한 사발 들이켜는 술이 그러하고 가족들과 오순도순 저녁 먹으며 반주를 곁들일 때가 그러하고 비 오는 날 우연찮게 지인을 만나 찌지직 소리 내며 익어가는 배추전과 부딪칠 때 그러하고 마음씨 좋은 아낙네가 상난 맞춰가며 구워주는 고등어구이와 궁합 맞는 막걸리 한잔을 마실 때 그러하고 먼 산 바라보며 고향 산천의 그리움이 와락 안겼을 때 그러하고 아버지로부터 말없이 한잔 받을 때가 그러하다. 또한 사랑하는 사람과 사랑을 나눈 후에 마시는 술도 꿀맛 같은 술이고 하얀 구름을 바라보며 비행기 안에서 호기롭게 마시는 한 잔도 꿀맛 나는 술이다. 또 다소 쓸쓸하지만 하루를 마감하는 노을을 바라보며 지나온 삶의 길을 되돌아보면서 홀짝거리는 술맛도 과히 천하 진미라 할 수 있다.

이처럼 술은 독이 되기도 하고 약이 되기도 하고 사람을 살릴 때도 있고 죽일 때도 있고 일을 성사시킬 수도 있고 그르칠 수도 있고 슬픔을 배가시키거나 반 토막 나게 할 수도 있고 기쁨을 뻥튀기할 수도 있고 흔적도 없이 사라지게 할 수도 있다. 마음이 쓰면 술이 달고 마음이 달면 술이 쓰다는 것은 겪어본 사람들은 공감하는 술의 매력이다.

술에 강하거나 덜 취하는 방법은 여러 가지가 있겠지만 대체적으로 볼 때 우선 튼튼한 장기를 갖고 태어나야 한다. 아무리 좋은 음식과 술이 있고 분위기가 좋다고 하더라도 튼튼한 장기를 갖지 않으면 술에 취할 수밖에 없다. 간이 튼튼해야 하고 위장이 튼튼해야 하고 대장이 튼튼해야 한다. 사실 이것은 후천적으로 훈련이나, 단련한다고 해서 되는 것이 아니고 튼튼한 부모님으로부터 물려받아야 한다. 즉 유전적인 자산이다. 나는 아버지가 튼튼한 장기를 물려주셔서 술을 꽤 많이 마실 수 있다. 아주 특별히 잘 마시는 편은 아니지만 못 마시는 편은 아니라는 것이다. 장기의 튼튼함은 술을 마실 때 확인되는 것이 아니고 술을 마신 그다음 날에 확인이 가능하다.

뒷날 머리가 아프거나 속이 아프거나 술이 덜 깨는 상황이라면 튼튼한 장기를 갖고 태어나지 않았다는 것이다. 진정한 강자는 그다음 날에도 아무렇지 않게 식사하고 정상적인 일을 보다가 저녁에 또다시 술을 마실 일이 생기면 거침없이 마시는 정도는 되어야 튼튼한 장기를 갖고 있다고 볼 수 있다. 물론 고주망태가 되도록 마신다면 누구나 뒷날에는 괴로운 것이지만 그래도 아무렇지 않게 술잔을 받아 맛있게 마실 수 있으면 틀림없이 장기가 튼튼한 사람이다.

나는 지금까지 살아오면서 술 마신 뒷날 집사람이 북어나 콩나물로 해장국을 끓인 적은 내 기억으로는 단 한 번도 없다. 속 쓰림이나 아픔이 전혀 없었다는 것이 아니고 해장국을 먹지 않아도 될 만큼 충분히 견딜 수 있다는 것이다. 나의 아버지가 그러셨다. 밤새도록 술을 많이 드셨더라도 아침이면 거뜬하게 일어나셔서 소죽 끓이시고 해장술은 드셔도 해장국을 찾는 경우는 단 한 번도 못 봤다. 술을 마실 때마다 아버지에게 감사하게 생각한다.

"아버지 튼튼한 장기를 물려주셔서 감사드립니다. 사랑합니다."

두 번째는 술에 맞는 안주와 마주해야 한다.

소주를 마시는데 염분이 가득한 라면이나 마른안주 혹은 채소만 같이 한다면 누구나 감당하기가 어려울 것이다. 화학성분이 있는 소주에는 육류나 매콤한 국물이 받쳐줘야만 쉽게 취하지 않는 것이고 특히 깡소주라 불리는 과자 종류와 마신다면 위벽도 탈이 나고 정신 줄도 금방 놓게 된다. 중국술인 빠이주(白酒)와 같이 독하지만, 곡주인 경우는 기름기가 많고 질퍽한 안주가 좋다. 중국집에서 인기가 있는 유산슬이나 전가복 해삼 종류의 음식이나 생선찜 종류도 괜찮은 동반자이다. 위스

키에는 단연 생선회가 궁합이 맞다. 워낙 독하므로 얼음을 섞어 마실 때는 과일이나 말린 육포가 괜찮지만, 얼음과 섞지 않고 마실 때는 생선회 혹은 찌거나 구운 해산물 종류가 괜찮은 안주이다. 양이 많고 도수가 상대적으로 낮은 막걸리에는 단연 두부나 전 종류가 어울린다. 발효한 김치나 순대도 잘 어울리지만, 술맛을 느낄 때는 좋은 안주이지만 영양을 생각한다면 두부나 돼지껍질이 우리 몸이 원하는 칼로리이다. 우리나라 사람들이 즐겨 마시는 위스키와 맥주 혹은 소주와 맥주를 섞어 만든 폭탄주를 마실 때에는 과일이나 채소 안주가 무난하지만, 기본적으로 육류나 해산물이 있어야 하지 않을까 싶다. 채소 중에서도 특히 오이나 무 아스파라거스 같이 수분이 많고 흡수력이 뛰어난 안주가 좋다. 맥주에는 위에 부담이 없는 땅콩이나 호두 같은 견과류나 말린 김 종류가 무난하다. 와인은 사실 좋은 술이기는 하지만 정서상 나하고는 잘 맞지 않는다. 나뿐만 아니라 우리나라 사람들하고는 대부분 안 맞을 것이다. 그 이유는 일단 마개를 따기가 번거롭고 술잔에 따르는 데 있어서 지켜야 할 에티켓이 많고 마시고 난 후에는 개운하거나 깔끔하지 않고 텁텁한 기분이고 푸짐한 안주와 곁들여야 하는데 가공식품을 찔끔거리며 먹어야 하고 마신 후에는 뇌를 자극시켜서 즐거움이 다가와야 하는데 도통 뇌가 자극될 기미가 안 보이므로 술을 마시는 건지 분위기를 마시는 건지 알 수 없는 술이 와인이다. 마시고 난 뒷날은 깔끔해서 좋긴 한데 서먹한 분위기나 기분을 풀어주기에는 다소 어색함이 있어서 나 같은 경우에는 특별한 경우가 아니라면 즐겨 찾지 않고 있다. 진정한 맛을 음미할 줄 모르는 촌놈이라서 그런 건지는 모르지만 분위기보다는 맛있는 음식과 함께하는 술을 더 선호한다. 다만 와인을 마시는 경우에는 치즈나 잣 호두 같은 기름기 있는 견과류가 잘 맞는 안주이다.

추운 겨울철에 생각나는 정종에는 구운 마늘이나 은행이 안주로는 딱 어울린다. 뜨거운 정종을 한 모금 마신 후 은행 한 알과 마늘 한 쪽을 입에 털어 넣으면 알싸한 정종 맛과 함께 입안에 퍼지면서 신선한 뇌를 마구마구 요동치게 한다. 그러면서 손은 뜨거운 정종 잔을 만지작거리게 한다. 행복한 술자리가 되고 있는 것이다.

세 번째는 좋은 사람과 좋은 일로 좋은 곳에서 마시는 술은 취하지 않는다.

유쾌한 대화와 상큼한 분위기에서 기분 좋게 마시는 술이 뇌를 쉽게 자극하거나 마비시키지 않는다는 것이다. 설사 독한 술을 마신다고 하더라도 긍정적인 에너지로 인해 쉽게 분해가 되고 행복한 엔도르핀이 솟아나면서 가슴속에 엉킬 수 있는 거미줄을 걷어내는 것이다, 결국 사람이 술을 마시니 사람이 어떻게 하느냐에 따라 술에 취하거나 멀쩡한 것이지 술에 따라 사람이 취하는 것이 아니다. 술이 아무리 마술과 요술을 부리는 마귀할멈이라도 정신 앞에서는 어쩔 도리가 없다는 것이다.

마지막으로 술에 강할 수 있는 것은 스스로 절제하고 술좌석에서 냉정한 사고와 행동을 할 수 있어야 한다. 아무리 튼튼한 장기를 갖고 태어나고 보약 같은 안주가 있고 분위기가 최상급이라 하더라도 폭음하거나 과음한다면 천하장사라도 술을 이길 수가 없다. 술이라면 언제든지 얼굴에 화색이 돌던 덕장 유비와 대쪽 같은 관우 그리고 허풍 많은 장비도 술을 이기지 못했고 치열하게 중원을 다투었던 지장 조조도 술을 이기지 못했다. 다만 의지했을 뿐이다.

스스로가 한계선을 긋고 한계에 다다랐을 때 지체없이 술좌석을 박차고 나올 정도의 위풍을 갖고 있다면 술로 인해 질병이 발생하지도 않을 것이고 패가망신 당할 일도 없을 것이고 하루 종일 두통이나 속 쓰림에 시달릴 일도 없을 것이다. 적당하게 술을 이용하고 다독거려주고 기분 좋게 놀아준다면 술은 우리에게 둘도 없는 벗이요 팍팍한 인생에 행복을 전달해 주는 도구요 백가지 약 중에 으뜸인 백약지장이요 삶의 끝자락을 놓을 때까지 함께 가는 동반자인 것이다.

어느 신문에서 술을 예찬하는 문구를 읽었는데 마음에 쏙 들어서 외우고 있다. 연말 술좌석에서 단골로 쓰는 나의 건배사이기도 하다.

"독한 술은 간을 상하게 하고(毒酒傷肝) 차가운 술은 위를 상하게 하지만(毒酒傷胃) 술이 없으면 마음을 상하게 한다(無酒傷心)"

술에 대한 최고의 찬양인데 읽을수록 공감이 가고 또 가는 구절이다.

아마도 술이 없다면 마음만 상하는 게 아니고 인생길 자체를 상하게 하는 게 아닐까 싶다. 부귀영화를 누리는 권력자들도 그럴 것이고 경제적으로 고통 없이 살아가는 중산층도 그럴 것이고 하루하루를 고달픈 삶으로 이어가는 서민들이 그럴 것이고 밤마다 차가운 바람과 사투를 벌리는 노숙자들도 그럴 것이다. 술은 권력의 비릿함을 잠재워주고 경제적 풍요를 거들어주고 고달픈 삶을 위로해 주고 차가운 밤바람을 잊게 해주는 놀라운 신통력을 갖고 있다.

좀 더 나이를 먹으면 시골 생활을 할 계획인데 꼭 하고 싶은 것이 막걸리를 직접 빚는 것이다. 그 옛날 집집마다 명절을 앞두고 고유의 방법으로 정성껏 막걸리를 빚어 아랫목에서 발효시킨 밀주라고 불리던 텁텁한 맛을 내는 막걸리를 꼭 만들고 싶다. 그래서 오고 가는 이웃들과 논두렁에도 앉고 밭두렁에도 앉고 툇마루에도 앉아서 정다운 이야기 하며 텁텁한 막걸리를 마시고 싶다. 그러면서 이야기에도 취하고 분위기에도 취하고 막걸리에도 취하여 서쪽으로 지긋이 넘어가는 세월을 바라보며 회한에 젖기도 하고 여생을 치밀하게 꿈꾸기도 할 것이다. 그까이 인생 별거냐 행복쯤이야!!

권력의 최고를 차지하고 부귀영화를 누렸지만, 불안과 허전함으로 인생무상을 생각하며 늘 술과 함께 지내온 '조조'는 '단가행'을 통해 술과 인생을 이렇게 노래하였다.

술잔은 노래와 마주해야 하리(對酒當歌)
우리 삶이 길어야 얼마나 되나(人生幾何)

견주어 아침이슬에 다름없건만(譬如朝露)
아아~ 지나온 세월이 너무 많구나.(去日苦多)

하염없이 감개에 젖어 보지만(慨當以慷)
마음속에 걱정 잊을 길 없네.(憂思難忘)
무엇이 이 걱정 떨쳐버릴까(何以解憂)
오로지
술이 있을 뿐이로다.(唯有杜康)

푸르고 푸른 당신의 옷깃(靑靑子衿)
그리움에 내 가슴이 터질 듯 하고(悠悠我心)
단지 그대 때문에(但爲君故)
나지막이 그리운 맘 읊조리네.(沈吟至今)

휘이익 휘이익 사슴이 우네(呦呦鹿鳴)
들판에서 풀을 뜯고 있다네(食野之蘋)

나에게도 귀한 손님이 많은데(我有嘉賓)
술을 올리고 생황을 연주하며 극진히 대접하려네.(鼓瑟吹笙)

달처럼 밝은 인재(明明如月)
언제나 모셔올까(何時可掇)

근심 걱정(憂從中來)
마음에서 떠나질 않네.(不可斷絶)

먼 길 마다하지 않고(越陌度阡)
달려와 준다면(枉用相存)
연회 베풀고 담소하며(契闊談宴)
그 은혜 잊지 않으리.(心念舊恩)
달은 밝고 별빛은 희미한데(月明星稀)
까마귀 남쪽으로 날아가지만(烏鵲南飛)
나뭇가지 빙빙 돌며 앉을 곳을 찾는구나.(繞樹三匝 何枝可依)

산은 높은 걸 마다않고(山不厭高)
바다는 깊은 걸 싫어하지 않는 법(海不厭深)

주공은 먹던 밥 뱉어내고(周公吐哺)
인재를 대접하여 천하를 얻었지.(天下歸心)

이 시와 함께 귀를 즐겁게 하기 위하여 쨍그렁 소리 내는 건배를 하고 싶다.

사랑하는 가족과
우정어린 친구와
목표 달성을 위한 팀원들과 함께~~

채움

가을밤 소리가 들리는 거 같다
한여름의 열기는 가을의 푸근함에 묻혀버리고 새처럼 바람처럼 멀어져 간다.
온갖 벌레들의 울음소리는 심란한 가을 남자의 가슴을 태우고 공허한 그리움만 더해 가는 불필요한 존재일지도 모른다.
오늘 낮에는 가을을 재촉하는 비가 끈적끈적하게 내리더니만 지금은 온통 가을밤의 현란한 축제이다.
이제 곧 낙엽이 떨어지고 하늘이 푸르러지면 한 많은 세월은 다시 역사의 뒤안길로 묻히나니 오붓한 마음으로 정다운 시간을 마련하는 것이 우리들의 애달픈 바램 일지도 모른다.
뜨겁게 비추던 태양도 식을 줄 아는데
세차게 내리던 소낙비도 멈출 줄 아는데
왜 욕망의 검은 손은 희어 지지 않을까?

해맑은 마음만으로도 사랑을 꽃피울 수 있는데
아직
피우지 못한 사랑이 너무도 많은 거 같다.
코스모스들의 손짓과 해바라기들의 키 재기는 무시할 수도 있다.
왜냐하면 이 녀석들과 어울리는 시기는 이미 오래전에 지나버렸으니 애틋한 감정이 되살아나겠는가?
좀 더 활기찬 가을과 달콤하고 풍요로운 가을을 보내야지
마음껏 마시고 떠들어대던 시간이 지난 지 오래다.
감미로운 멜로디에 취하는 것도 잊어버렸다.
오직
한순간을 놓치지 않기 위해서라도 최선과 정성과 열성을 다하면 나는 곧 빛나는 구슬이 아니겠는가?
올가을은 무언가 이루어야겠다.
너무나 텅 빈 마음을 메꾸어야겠다.

벌초와 친구 이야기

다른 나라의 풍습과 비교하다 보면 우리나라만의 독특한 문화가 꽤 있는데 그중 하나가 벌초 작업이다. 아마도 우리나라에만 명절을 앞두고 행해지는 풍경이 아닐까 싶다. 물론 다른 나라에서도 무덤을 손질하고 잡초를 제거하는 작업은 하겠지만 특정한 날짜를 정해놓고 가족 단위로 이동하면서 단체로 혹은 개인별로 봄이나 가을에 작업하는 나라는 우리나라밖에 없을 것이다. 유교의 영향으로 조상에 대한 최대한의 예우를 갖추고 전통을 보존하며 가족 간의 우애와 화목을 다지는 소중한 시간이 되고 있다. 최소한 현재 이 시각으로는 그렇다는 것이고 앞으로는 어떤 변화가 일어날지 모른다. 돌아가신 조상들 얼굴도 모르고 살아있는 부모님도 돌아가시면 마땅히 모실 곳이 없어 흔적조차 지워질 수도 있는 시대가 올 텐데 그때가 되면 벌초 작업이라는 독특한 문화나 풍습이 사라질 수도 있다는 것이다. 그때는 그때이고 아직은 특히 추석 때가 되면 벌초하는 예초기 소리가 이 산 저 산에서 경쟁하듯 윙윙거린다. 딱히 거부감을 느끼지 않는 것을 보면 나도 어느새 벌초하는데 이력이 꽤 있다는 것이다.

한민족 대부분은 특별한 경우를 제외하고는 조상을 숭배하고 존중하고 받들어 모시려는 기본적인 효(孝)의 정신이 있다. 그러다 보니 요양원과 장례문화가 발달 되고 거기에 따른 시장 규모가 커지면서 전문직업도 생기고 전문가를 육성하는 프로그램도 성행하고 있다. 어르신들을 모시는 요양원이 시골 구석구석까지 생기고 장례를 치르는 장례식장도 우후죽순으로 생기면서 난데없는 가격경쟁으로 죽어서도 명품으로 치장되는 시신이 있는 반면에 거적으로 둘러싼 시신도 있다. 죽어서까지 차별되는 인간 사회가 야멸차기도 하고 상업적으로 이용당하는 살아있는 사람들이 한심스럽기도 하다. 이런 바탕에는 한국인 특유의 체면문화나 과시 문화가 뿌리 깊이 박혀있기 때문일 거다. 부끄럽지만 본인도 이런 현실에서 자신있게 헤어 나오지 못하고 있으므로 나도 한심한 사람이긴 하다. 어쨌든 장례문화는 꾸준히 이어질 것이고 대행을 하든 자신이 직접 하든 당분간 벌초작업도 지속될 것이며 경제적 이익과 손해가 상충 되면서 병행할 것이다.

나는 오래전부터 매장되어 있는 산소는 힘이 닿을 때까지는 벌초작업을 하고 세월이 흘러 힘을 뻗을 수 없을 때가 되면 벌초를 중단함으로써 자연의 모습대로 초목이 어우러져 원래의 산세가 되도록 하는 것이 옳다는 생각을 하는 사람이다. 이것은 결코 조상들에 대한 예(禮)를 등한시하거나 불효를 저지르겠다는 막심한 생각을 하고 있다는 것이 아니고 인간은 자연으로 돌아간다는 지극히 현실적인 이론을 펼치는 사람이다. 설사 영혼이 있고 귀신이 있어서 후손들을 잘되고 못 되게 하는 보이지 않는 막강한 손이 있다고 하더라도 이런 행동은 아무리 밴댕이 속을 가진 귀신이라도 웃으면서 이해하고 오히려 잘한다고 칭찬을 아끼지 않을 것이다. 왜냐하면 자연이 풍성하고 공기가 청량하다면 귀신들도 날아다니기 좋고 놀기도 좋고 수작을 부리기도 좋을 것이기 때문이다. 따라서 막대한 비용과 시간을 들여 파묘를 하고 각자의 보금자리에서 잘 쉬고 있는 육체의 조각들을 모아 불에 태워 납골들끼리 비좁은 낯선 흙 속에서 옹기종기 지내게 하는 후손들이 참 이해가 안 된다. 물론 피치 못할 사정이 있으리라는 짐작은 하지만 조금이라도 편리해지려는 작은 욕망도 한몫 하지 않았을까 하는 생각을 한다.

내가 언제부터 벌초를 단독으로 작업했는지 정확한 기억은 없지만 어머니가 돌아가신 이후가 아닐까 싶다. 아버지가 돌아가시고 앞산 기슭에 있는 밭에 묘소를 꾸민 후 잔디가 자리를 잡을 때까지 나름대로 애를 쓰면서 잔디를 심고 또 심는 작업을 반복하여 잔디가 자리를 잡았는데 어느날 어머니가 돌아가시면서 합장묘를 하게 되었고 이때 훼손된 잔디가 제대로 자라지 않으면서 잡풀이 비집고 솟아나 잔디를 제압해 버렸다. 묘소가 있는 위치가 지금 살고 있는 거주지와 가까운 거리면 자주 가서 잡풀을 제거하고 잔디 기(氣)를 살리면서 심고 또 심어 잡풀을 다시 제압했을 텐데 거리가 멀어 뜸하게 내려가다 보니 잡초가 잔디 영역을 침범하고 잔디가 기를 못 피는 현상이 반복되면서 잡초가 잔디를 완전히 제압하여 보기 흉한 묘소가 되고 말았다. 아마도 이때부터 벌초 작업이 시작되어 해마다 반복되었을 것이다. 왜냐하면 잡초를 제거하는 것이 한계점에 다다랐고 잔디를 다시 심고 또 심어도 햇빛의 영향과 수시 돌봄이 부족하여 제대로 뿌리를 내리지 못하다 보니 차라리 벌초만이라도 깔끔하게 하는 것이 낫다고 판단하게 된 것이다. 그래서 해마다 추석을 앞두고 부모님 묘소뿐만 아니라 고조부모님과 증조부모님, 조부모님, 백부모님의 납골을 한곳으로 모신 묘지까지 벌초 작업을 하게 되었고 내일인 양 불평하지 않고 묵묵히 과업을 수행하고 있다. 나는 지금까지 10여 년을 넘게 고향길 달려가서 벌초 작업을 했지만, 솔직히 단 한 번도 귀찮다는 생각이나 짜증이 난다거나 힘들다는 생각을 한 적이 없다. 이것은 엄연한 사실이다. 그렇다고 마냥 신이 나서 즐겁게 예초기를 돌리고 잘려진 잔디나 잡풀을 갈퀴로 긁어모아 버리는 작업을 흥에 겨워했다는 것은 아니다. 다만 조상들에게 후손으로서 해야 할 도리를 다하고 주어진 책무를 다하겠다는 의지가 강하다는 것이다. 한편으로는 벌초 작업을 마치면 사정상 며칠 동안 샤워를 하지 못하다가 풍족하게 물을 사용하여 깔끔하게 몸을 씻어내면 개운하듯이 몸과 마음이 상쾌하고 날아갈 듯 몸이 가벼워지는 기분을 느낄 수 있다. 나름대로 육체적 혹은 정신적 부담이 있었는데 깔끔하게 마무리되니 몸과 마음이 편안해졌기 때문일 것이다. 작업을 마치고 가족이나 친구끼리 둘러앉아 식사와 술 한잔하는 요식(料食)행위는 무릉도원에서 시 한 수 읊으며 탁주 한 사발 들이키는 것과 버금갈 정도로 즐거움이 크다. 땀흘리며 작업한 후에 맛보는 음식이나 술 한잔은 꿀맛이나 다름없고 시장이 반찬이라는 말이 무색하리만치 벌초 작업 후의 입맛은 무엇이든 과히 천하 일미가 된다. 조상들의 음덕이 미쳐서 그런 것이 아닐까 싶다.

최근에도 어김없이 추석맞이 벌초 작업을 하기 위하여 아내와 함께 고향을 찾았다. 벌초를 목적으로 아내와 동행한 것은 기억에 없을 정도로 오랜만이다. 함께하지 못한 이유는 식품회사를 다니던 아내가 추석 전에는 눈코 뜰 새 없이 바빴기 때문이었다. 늘 혼자 가던 길을 아내와 함께하니 든든하기도 하고 심심하지도 않아서 좋았는데 다소 걸리적거림도 있었던 것이 사실이다. 여기서 걸리적거림이란 음주에 대한 잔소리와 친구를 만나는 것에 대해 눈치를 줌으로써 행동이 자유롭지 못하다는 것이다. ㅎ

벌초를 해본 사람들은 알겠지만, 예초기가 한 번에 웽~하고 시동이 걸리면 그렇게 기쁠 수가 없다. 낑낑거리며 줄을 당기고 또 당겨도 시동이 걸릴 듯 걸릴 듯하면서도 안 걸리면 열이 뻗치고 짜증이 나고 입 밖으로 욕이 저절로 나온다. 그럴 때면 시내로 나가서 기기를 고쳐야 하므로 여간 번거로운 것이 아니다. 비용도 비용이지만 시간이 오래 걸리고 고치고 난 다음에 또다시 고장날까 봐 걱정해야 하니 작업이 제대로 될 리가 없다. 나도 그런 경험을 많이 했기에 그런 상황이 닥치지 않기를 간절히 바라면서 기름을 넣고 조심스럽게 줄을 몇 번 당기니 웽~ 하고 시동이 걸렸다. 쾌조의 스타트를 한 것이다. 아내와 함께 부모님 묘소와 고조부모님부터 백부모님까지 모셔진 납골묘에 도착하여 익숙하게 벌초 작업을 하고 아내는 갈퀴로 잘려진 잡초들을 모아서 한곳으로 버리는 작업을 하였다. 사실 예초기를 돌리는 것보다 뒤치다꺼리하는 작업이 더 힘들다는 것을 나는 알고 있었지만 모른 척하면서 작업을 했고 아내는 씩씩거리면서도 안 할 수가 없기에 묵묵히 잡초를 걷어내는 작업을 하였다. 땀이 흥건한 것은 당연하고 얼굴마저 빨갛게 익어 안쓰러웠지만 함께 해준 작업에 고마웠고 감사했고 괜히 나 때문에 고생하는 거 같아서 미안했다.

벌초 작업이 막바지로 접어드는 찰나에 역시나 벌초 작업하러 고향을 찾은 친구에게 얼굴 보자고 연락이 왔다. 그전에도 가끔 술자리를 했던 친구이기에 반갑게 통화를 하고 시간과 장소를 결정한 후 작업을 마무리하였다. 상쾌함과 개운함을 샤워하면서 충분히 느끼고 아내와 함께 친구를 만나러 시내에 있는 약속 장소로 향했다. 이때 아내의 눈치를 살피는 건 당연하다. 언짢은 표정인지 덤덤한 표정인지 어이가 없는 표정인지 즐거운 표정인지를.

다행스럽게도 아내는 희미한 미소를 지으며 즐거운 표정이 역력하여 가벼운 마음으로 맛난 음식을 생각하면서 목적지를 향해 모범 운전을 하였다. ㅎㅎ

만나려고 하는 친구는 고향을 떠나 지금까지 사업을 하는 **송수근** 친구인데 럭셔리한 생활을 만끽할 수 있는 여유가 넘칠 정도로 안정되었고 거두어야 하는 직원수가 꽤 많은 역량 있는 중소기업 사장이다. 사업을 하면서 열정과 성의로 한 우물을 깊고 넓게 파고들어 탁월한 성과를 창출하고 통찰력을 발휘하면서 이타적인 행동을 함으로써 지역 내 해당 업종에서 타의 추종이 불가할 정도로 사세가 확장되었고 매출과 이익이 꾸준히 성장하여 직원들로부터 무한한 존경과 고객으로부터 두터운 신뢰를 받는 친구이다. 그럼에도 불구하고 이 친구는 겸손한 것은 기본이고 건전한 사고를 바탕으로 소위 말하는 자랑질을 하거나 갑부들이 의례적으로 상대를 은연중 깔보는 행세는 일절 하지 않고 오히려 배려하면서 자기 행동이 행여나 눈에 거슬리지 않을까 노심초사하는 친구이다. 그러다 보니 이 친구 주변에는 늘 지인들이 북적이는데 그중에는 떡고물이라도 떨어질까 하는 친구도 분명히 있겠지만 대부분은 친구가 좋아서 혹은 함께 마시는 술과 대화가 좋아서 찾아오는 친구들이다. 가족이나 일가친척에게 베푸는 아량은 말할 것도 없고 어려움에 부닥친 친구를 보면 서슴없이 도움의 손길을 뻗어주면서도 시혜를 베풀 듯이 조건을 따지지 않고 부담을 주지 않으면서 오른손 모르게 왼손으로 사랑을 실천하는 친구이다. 함께하는 친목 모임이 두세 개 있는데 회장이나 고문을 하면서 경제적 지원과 탁월한 리더십으로 모임을 활성화시켜 친목 모임을 하는 친구들이 즐겁고 편안하게 우정을 나누고 풍족하게 먹거리를 맛보게 하면서도 생색을 내거나 공치사하지 않는 친구이다. 이런 감성적 리더십을 아낌없이 발휘하니 떠났던 회원이 돌아오고 신규로 가입하려는 회원이 늘어나면서 적립금이 쌓이고 침체된 모임이 살아나면서 친구들 간에 친목이 더더욱 돈독해지고 오랫동안 쌓인 우정이 나날이 빛나면서 서로를 배려하고 존중하는 분위기가 조성되고 있다. 한 명의 리더가 인식을 바꾸고 규칙을 바꾸고 생활을 바꾸고 세상을 바꾸듯이 **송수근** 사장은 조직의 틀을 바꾸면서 회원들에게 행복한 관계가 꾸준히 무르익을 수 있도록 진정성을 가지고 지원해 주는 참 좋은 친구이다.

사업을 하면서 거들먹거리며 직원들을 노예 다루듯이 함부로 대하거나 권위만을 내세우면서 복종을 강요하고 마치 자신이 직원들 가족까지 먹여 살리는 신(神) 같은 존재감을 내세우는 사장들이 의외로 많다. 당연한 결과이지만 이런 회사의 직원들이 최상의 노력을 다할 리가 없고 고객들로부터 신뢰를 받을 리가 없으므로 수명은 지극히 짧고 어느 날 갑자기 흔적도 없이 사라지게 된다.

반대로 사장이 직원들을 하늘 떠받치듯이 받들어 모시고 자신이 해당 업종의 전문가가 되어 직원들을 교육하고 함께 호흡하면서 땀흘리고 고객을 신(神) 모시듯이 깍듯하게 대하면서 품질과 납기를 준수한다면 승승장구하여 직원들에게는 만족감과 자긍심을 심어주어 행복한 생활이 영위될 수 있도록 하고 자신에게는 성취감과 보람을 느끼게 하여 역시나 행복한 나날이 지속되는 것이다.

송수근 친구가 바로 이런 사장이다. 가장 먼저 출근하여 사무실을 깔끔하게 청소하면서 공기를 환기하고 정리 정돈을 손수 함으로써 직원들이 출근하면 상쾌한 마음으로 업무에 집중하고 저절로 효율이 배가되어 일하는 즐거움과 직장 생활하는 기쁨이 선순환 되도록 한다. 그렇다고 이 친구가 흔한 말로 꼰대처럼 눈치 없이 허구한 날 일찍 출근하거나 결벽증이 있는 것이 아니고 직원들에게 효율을 종용하는 것은 더더욱 아니다. 낄끼빠빠를 모범적으로 실천하고 융통성을 상황에 맞게 발휘하며 수시로 빈틈을 보여주는 정(情) 많은 친구이다. 또한 이 친구는 자신에게도 엄격하다. 틈틈이 시간 내어 다양한 방법으로 체력 관리하는 것은 기본이고 자신이 정한 기준 이상이면 술자리나 놀이 시간을 더 이상 연장하지 않고 미련 없이 일어나며 이런 행동이 특정한 분위기에서만 일회성으로 끝나는 것이 아니고 어떤 상황이든 꾸준히 실행한다. 가히 모범적인 사장이고 작지만, 강한 기업의 오너이다. 친구야 초심을 잃지 말고 건강하고 즐겁게 세상 살아가자꾸나.

이런 훌륭한 친구와 벌초 후에 소주잔을 기울이며 이런저런 이야기를 주고받으니, 술맛은 말할 것도 없고 기분도 업되어 하루의 피로가 말끔히 씻어지고 흥겨운 콧노래가 멈추지 않았다. 멈추시 않은 콧노래는 술자리를 파하고 시골집에 돌아가서 설치된 노래기기를 작동시켜 아내가 물끄러미 바라보는 것에 아랑곳 하지 않고 혼자서 흘러간 노래와 최신 가요를 세상을 다 가진 듯 목청껏 부르고 또 부르면서 올해도 벌초 작업을 뿌듯한 마음으로 마무리하였다.

고조부모님! 증조부모님! 조부모님! 백부모님! 부모님!

내년에도 후년에도 또 후후년에도 그 이후에도 체력이 다할 때까지 찾아뵙고 성심성의껏 잡풀을 제거하고 푸른 잔디가 더 푸르게 푸르게 자라도록 하겠습니다.

정말 그때는 그랬다

집 앞 개울가에 숨죽이고 다가가도
화들짝 놀란 물고기들이 혼비백산 도망칩니다.

오늘 잡고 내일 또 반도를 뒤 밀어도
어제와 같은 크기의 물고기들이 또 잡힙니다.

그렇게 잡힌 청정한 물고기들은
아버지 손에 이끌려
비늘이 벗겨지고
내장을 손질 당하여
고추장에 푹 찍혀서 입안으로 들어갑니다.

흡족한 표정의 아버지를 바라보며
자식의 도리를 한 것 같아 의기양양합니다.

아침에 눈 뜨면 세수하러 달려가고
푹푹 찌는 한낮에는 물장구치러 놀러 가고
해거름에는 기꺼이 물고기들의 안식처가 되어주는 곳

그때 그 개울은 정말 무릉도원이었습니다.

새색시는 어데 가고

연지곤지 탱탱한 볼에 살포시 그려 넣고
곱게 빗은 머리 위로 알록달록 족두리 얹히고
화려함도 민망함도 없는 각시 옷 걸쳐 입고서
한번 두번 꼬꼬 재배하고 수줍게 맞이한 초야의 아픔

새색시는 낯선 곳의 어색함을 이기고자
이른 아침에 눈 뜨고 늦은 저녁에 눈 감고
욱신거리는 팔과 다리, 찌뿌둥한 허리와 어깨 남몰래 주무르며
가난과 싸우고 집안 체통과 싸우면서
오직 내 서방님의 안녕과 자식들 번영을 기원하며 살았다.

어느 시골 마을을 막론하고 흔적도 없이 사라지거나 쓰러져가는 가옥들이 즐비하고 그나마 다소 온전한 가옥에는 나이 드신 어르신들이 하세월과 말벗이 되어 하루는 길고 일 년은 짧은 오묘한 시간을 보내고 계신다. 내 고향 마을도 마찬가지다. 까마득한 옛날이 엊그제 같고 마냥 젊음이 꺼지지 않을 줄 알았는데 언제 이렇게 세월이 흘렀는지 아리따운 새댁과 성성한 신랑은 어디 가고 백발의 촌로가 되어 윗마을 아랫마을을 지키며 살아가고 계신다. 어떤 분은 지팡이에 의존하고 어떤 분은 보행 보조기에 의존하고 또 어떤 분은 전동스쿠터에 의존하여 마을회관에도 모이고 게이트볼장에도 모이면서 딴은 즐거운 시간을 보내고 계시지만 동네 아지매들은 세월의 흐름이 야속하기만 하다.

인생이 아무리 추억을 먹고 산다고 해도 되돌아갈 수 없는 시간이기에 감흥이나 의욕이 예전처럼 살아날 수는 없고 그저 희미한 미소만 지으며 조용히 눈을 감은 채 스치는 바람결에 기억 속의 과거 인연들을 소환해 볼 뿐이다. 고향 마을 아지매들의 남은 소망은 건강하게 지내다가 자식들에게 짐이 되지 않고 세상과 이별하면 좋겠다는 소박한 것이다. 요즘 회자하는 9988234이다.

시집온 그 당시의 아지매들 나이는 어렴풋이 열예닐곱 살쯤 되었을 거고 서방님 얼굴을 본 것은 혼례 당일 아침이었을 섯이며 긴장된 탓에 잠 못 이루어 얼굴은 푸석하고 다리는 퉁퉁 붓고 목은 끊임없이 말라 입술이 바짝바짝 탄 하루였을 것이다. 누구는 중매쟁이에게 온전히 속았을 것이고 누구는 반을 속았을 것이고 또 누구는 부모님의 성화에 마지못해 낯선 곳으로 눈물 흘리며 첫발을 내밀었을 것이다. 출가하면 시댁 귀신이 되는 것이므로 궂은일이 닥치거나 견딜 수 없는 모멸감을 느끼더라도 친정 땅을 쳐다봐서는 안 된다는 친정아버지의 엄중한 훈시를 머릿속에 몇 번이고 되뇌면서 눈물 콧물이 범벅이 되어 홀로이 발을 내디뎠을 새색시의 꿈은 무엇이었을까?

아마도 가장 첫 번째는 친정 식구들 특히 낳아주신 어머니의 근심거리가 되지 않는 것이고 두 번째는 시댁 식구들에게 사랑받으며 시어머니에게 곳간 열쇠를 받아 진정한 시댁 식구로 등극하는 것이 아니었을까 싶다. 서방님 건사하게 보필하고 아이들 쑥쑥 낳아 보란 듯이 키우면서 대를 이을 든든한 후손으로 성장시키는 것은 목표라기보다는 당연히 해야 하는 사소한 의무로 여겨졌을 것이다. 그렇게 친정어머니 근심은 덜어드렸지만, 어머니를 보고 싶은 그리움은 삭히지 못했고 시어머니로부터 곳간 열쇠는 받았지만, 곡식이 채워지지 않는 빈 항아리가 점점 늘어가는 현실 앞에서 눈물을 삼키지 않을 수가 없었을 것이다. 다행히 대를 이을 후손은 다 건사하고 씩씩하게 무럭무럭 자라줘서 지금도 해바라기의 대상이 되고 있다는 것이 그나마 위안거리이자 지금까지 살아가는 버팀목이 되고 있다. 그중에는 분명 웬수 같은 피붙이도 있고 연을 끊은 못난 놈도 있지만 하나라도 살갑게 자신을 찾고 기댈 수 있는 언덕이 되어주기에 더할 나위 없이 여생을 기쁘게 보낼 수가 있는 것이다.

고향을 갈 때마다 반갑게 맞이해 주는 그 옛날 새색시들은 이제는 막걸릿잔을 기울이는 친구이자 동료이고 함께 낡아가는 이웃집 아지매들이며 세월의 바통을 넘겨주고 넘겨받을 시간의 책사가 되었다.

부디 강건한 모습으로 시집온 땅을 오래오래 굳건히 지켜주면 좋겠다.

한 손에 가시 들고 또 한 손에 막대 들고
늙는 길 가시로 막고 오는 白髮 막대로 치랴터니
白髮이 제 몬져 알고 즈럼길로 오더라

세월의 흐름 앞에 한탄만 하지 말고 받아들임으로써 하루하루를 더 소중하게 보내자고 역설한 고려시대 우탁 선생이 지은 탄로가(嘆老歌)이다. 세상 어느 누군들 세월 앞에 장사 없고 세월 앞에 청춘 없다. 어쩌면 이 세상에서 가장 공평한 것이 늙고 병들고 죽는 것이라 할 수 있다. 그러니 욕심을 내려놓고 이타심을 가지고 행복도 나누고 슬픔도 나누며 오순도순 살아가면 좋겠다.

세월의 흐름을 강 건너 불 보듯 물끄러미 바라보다
고희에 다다른 후에야 비로소 놀라 돌아보니
지나온 자국은 흔적조차 사라지고 지팡이에 의존하는
회한만 남았구나.

고무신 맹세

이름은 밝히지 못하겠지만 내 동갑 여자
얼굴은 귀엽고 눈이 맑았던 사랑한 여자
스물둘 가는 겨울 눈길을 걸으며
난 너를 난생처음 사랑한다던

이듬해 깎은 머리 나라를 위해
무엇보다 슬픈 건 너와의 헤어짐
무정한 기차 떠나올 땐 천일 동안의 슬픈 이별을
울며 손 놓던 너의 모습

기다리제대의 그날은 네 앞에 설 날은
루루~~ 루루~~

헤어질 날은 끝이 왔건만
나는 도대체 누구 때문에
너는 도대체 누구 때문에
난 돌아왔건만
넌 남의 아내

南道 겨울 여행

오래전에 따뜻한 남도 여행을 하자고 집사람과 약속했는데 하필 여행 일정을 잡은 날이 요란스럽게 바람이 많이 불고 눈도 많이 오고 기온도 급강하하여 매서울 거라는 일기예보를 접하고 일정을 연기할까도 생각했지만, 집사람과 상의하여 강행하기로 했다. 남쪽인데 추워야 얼만큼 춥고 눈이 와야 얼만큼 오겠나 하는 다소 안일한 마음과 안도하고 싶은 마음이 겹친 결정이 아닌가 싶다.

나름대로 계획한 여행지는 가보지 못한 사찰을 필두로 아름다운 섬을 둘러보고 지역의 독특한 문화를 경험하면서 맛난 음식을 먹어보는 일정이었는데 마음이 들뜨고 기대가 된 것은 사실이다.

세계문화유산으로 등재된 충남에 자리한 마곡사, 30년을 오로지 한마음 한뜻으로 돌멩이를 쌓아 올린 마이산 탑사, 목포에서 배로 두 시간 거리에 있는 흑산도와 홍도, 노벨 문학의 도시 장흥과 강진, 해산물 천국인 삼천포와 통영을 둘러보고 시골집으로 향하는 일정이었으니 마음이 들뜨지 않을 수 없었다. 더구나 집사람과 단둘이서 즐기는 여행이니 더더욱 마음이 부풀었다.

아침 기온이 다소 으스스했지만, 마음만은 따뜻하게 채우고 출발하였다. 대부분 사람은 주말이나 휴일에 여행을 떠나지만, 우리 부부는 평일에 시간이 맞아 한산한 거리를 지나서 한결 여유가 있는 고속도로를 진입하여 규정 속도대로 마음껏 달렸다. 바깥 온도는 영하의 날씨지만 차 안은 따뜻하여 안온한 마음으로 첫 번째 방문지인 마곡사를 향했다.

마곡사는 640년 신라 선덕여왕 때에 자장율사가 창건하였다는 사찰로 여러 차례 화재가 발생하여 소실되었지만, 중건을 거듭하여 오늘날에 이르렀고 한때는 도적 떼들의 소굴로 이용되었다고 한다. 마곡(麻谷)은 삼(麻)이 무성한 골짜기여서 지어진 이름이라고 하는데 다른 설(說)로는 절을 지은 사람(무염 대사)이 중국 스승 이름을 땄다는 설과 마씨(麻氏) 성을 가진 사람들이 살아서 마곡사라 칭했다는 설도 있다. 마곡사는 2018년 '산사(山寺), 한국의 산지승원'이라는 명칭으로 다른 사찰 여섯 곳과 함께 세계문화유산으로 등재되었고 템플스테이가 활발하게 운영되고 있으며 백범 김구 선생이 명성황후 시해 사건에 가담한 일본 장교를 살인하고 투옥되었다가 탈출하여 피신하면서 잠시 출가한 곳으로도 유명하다.

나는 역사적인 사실과 문화유산이 될 만큼 아름답고 가치가 있는가에 초점을 맞추고 둘러봤지만, 집사람은 부처님을 알현하고 가정의 안녕과 건강을 기원하는데 초점을 두고 방문하였다. 그렇다고 내가 부처

님을 외면하고 경치만 구경하거나 역사만 탐한 것은 아니니 혹여 오해는 하지 말았으면 좋겠다. ㅎ

마곡사는 다른 사찰과 달리 평지에 자리 잡고 있으며 대웅 본전이 밖에서 보면 2단으로 건립되었지만, 사찰 안은 하나로 연결된 독특한 구조로 되어 있다. 또한 불단에는 부처님 홀로 모셔져 있는데 통상적으로 다른 사찰에는 세 분이 계셔서 으레 아홉 번 절을 해야 한다는 생각으로 하고 있었는데 집사람이 세 번만 하면 된다고 하여 순간적으로 멈칫했지만, 그냥 아홉 번 하였다. 참고로 나는 무교이지만 사찰이나 성당, 교회를 방문하면 예법에 맞게 예의를 갖추는 행동을 하면서 나름대로 빌 것은 빈다. ㅎ

마곡사 해탈문을 나와서 오른쪽으로 한참을 올라가면 소원 한가지는 들어준다는 마애불이 있는데 바위에 아름답게 새겨진 불상이 은은한 미소를 지으며 먼 길을 마다하지 않고 공 드리러 오는 중생들을 반갑게 맞이해 준다. 집사람은 당연한 발걸음을 하였고 나 또한 호위무사로 함께 하였지만 어떤 소원을 빌었는지에 대해서는 서로 묻지 않았다. 은연중 서로 상대의 안일을 빌었을 거라고 착각하면서 감사한 마음으로 비탈길을 내려왔다.

마곡사를 뒤로하고 다음 목적지인 미이산 탑시를 향하여 달리고 있는데 어느 시점부터 눈발이 굵어 지더니 이내 도로에 수북이 쌓여 운전하는 내내 긴장 하게 만들었다. 나름대로 무사고에다가 안전운전을 한다는 자긍심을 갖고 있는 나였지만 자동차 사고는 1초 사이에 발생한다는 사실을 알고 있기에 긴장 하지 않을 수가 없었다. 여행을 하다 보면 누구라도 느끼는 것이 도로에 시간을 다 버린다는 것인데 이번 여행도 예외없이 이동하는 시간이 순간적으로 휙휙 지나가는 것을 막을 도리 없이 고스란히 당하고야 말았다. ㅠㅠ

진안 나들목을 빠져나오면서 곧바로 말의 귀를 닮은 마이산이 보였는데 왠지 마음이 경건해지고 경이로움을 느끼면서 수직으로 솟아있는 모습에 상서로우면서도 묘한 기운을 받는 거 같은 기분이 들었다. 나만 그런지는 모르지만 참 희한한 일이다. 마이산 탑사는 한참을 더 가야만 하는데 마치 여러 마리의 말(馬)이 앞장서서 안내하듯이 달려가고 그 뒤를 따라 저절로 가는듯한 착각 속에 탑사 입구에 도착하였다. 주차장에 도착하니 앞장서서 달리던 말은 온데간데없고 매서운 칼바람이 공기를 가르며 달려와서 옷깃을 여미게 하였다.

안전을 생각해서인지 주변의 상가를 배려해서인지는 모르지만, 탑사까지는 도보로 가야만 했는데 거리가 2킬로미터나 되어 30분 정도를 걸어야만 했다. 겨울이 아닌 계절에는 걸을 만 하겠지만 혹한의 날씨에는 방문객에게 고통을 주는 이해 못 할 정책으로 여기저기서 불만이 터졌지만, 안내소에서는 아랑곳 하지 않고 AI처럼 반복되는 대답만 하였다.

'차량 출입은 안 됩니다. 도보로 이동하세요'

정책이 일관성 있게 집행되는 것에 대해서는 누구나 이의를 제기하지 않지만, 상황에 맞지 않는 논리를 전개한다면 부작용이 생기고 신뢰가 떨어지면서 공정성까지 의문이 쌓이게 된다. 그러다 보면 사회와 국가는 통치하는 명분이 약해지고 민심이 이탈하여 무정부와 무법천지가 되어 정권이나 정국이 무너지게 되는 것이다.

마이산 탑사를 안내하는 안내소에서 영하의 날씨를 고려하여 미니버스를 운행한다던가 중간중간에 몸을 녹일 수 있는 쉼터를 운영한다면 관람객이 감동하여 방문객은 더 늘어날 것이고 탑사의 명성은 더 높이 올라갈 것인데 하는 아쉬움을 안고 칼바람을 맞으며 탑사를 향해 무거운 발걸음을 옮겼다. 걸어가는 도중에 간혹 오고 가는 승용차와 마주쳤는데 탑사와 관련된 물건을 실었거나 작업하는 도구가 실려있어서 어쩔 수 없이 차량으로 이동할 거라고 인정이 되면서도 의구심을 갖지 않을 수가 없었다. 왜냐하면 한파가 몰아치는 와중에 아무리 긴급하게 수리가 필요한 부분이 있다고 하더라도 차량 한두 대면 장비나 사람을 충분히 이동시킬 수 있는데 오고 가는 차량은 그보다 훨씬 더 많았기 때문이다. 아마도 안내소에서 감당하지 못할 힘을 쓰는 사람이거나 꽤 짭짤한 통행료(?)를 지불했거나 인맥을 활용하여 오지랖을 발휘하지 않았을까 하는 언짢은 생각이 들었지만 나와 같이 힘없고 연줄 없는 방문객들은 코와 입과 귀를 감싸안으면서 그저 두 발로 걸을 수밖에 없었다.

칼바람을 이겨내고 목적지 입구에 도착하니 아니나 다를까 넓은 주차장에 승용차가 여러 대 주차해 있었고 작업 차량이거나 물건을 실은 흔적은 보이지 않았다. 그중에는 틀림없이 직원들 차량도 있었겠지만, 공정성에 어긋나는 차량이 있을 거라는 추측에 억울하고 화가 치밀어 올랐지만 따지거나 하소연하지 않고 속으로 감정을 삼키면서 탑사 입구에 들어서니 마이산 탑사는 개인 사찰이라서 입장료를 받는다는 말에 이해하면서도 한편으로는 무속 신앙에 사업을 덧칠하는 것 같아서 유쾌하지는 않았다.

마이산 탑사는 효령대군의 후손인 이갑룡(본명 이경의) 선생이 1900년 전후 약 30년 동안 사람들의 죄를 빌고 창생(蒼生)을 구할 목적으로 낮에는 돌을 나르고 밤에는 기도하는 마음으로 탑을 쌓았는데 그렇게 이룩된 탑이 108개이고 이른바 백팔번뇌에서 벗어나고자 하는 염원이 담겨 있다고 한다. 탑은 자연석으로 원뿔 모양을 만들고 그 위에 외줄탑을 올렸으며 비바람에도 무너지지 않는 견고함이 있는 독특한 구조이다. 중턱에는 조그마한 대웅전이 있는데 이갑룡 선생이 부처님과 함께 모셔져 있는 것이 특이하고 중력의 조화로 역고드름이 생기기도 한다는데 단순한 자연의 이치로 생각할 수도 있고 탑 주변의 기운이 범상하지 않다고 생각할 수도 있을 거 같다.

집사람은 향초에 불을 붙이면서 여느 사찰에서와 같이 합장하고 기

도하고 절을 하면서 가족의 무탈함을 빌었고 나는 절을 하면서 그저 고맙고 감사하다고 속으로 읊조렸다.

마이산 탑사를 방문하면서 얼었던 몸을 길가에서 파는 어묵 국물로 잠시 녹인 후 항구로 유명한 목포로 향했다. 원래 계획은 첫째 날에, 흑산도에서 숙박할 계획이었지만 눈길에 이동시간이 지체되었고 변덕스러운 날씨 탓에 뱃길이 원활하지 않다고 하여 뒷날 방문하는 것으로 수정하여 목포에서 하룻밤을 보내기로 한 것이다.

목포로 향하는 고속도로는 함박눈이 내리면서 꽤 많이 쌓여서 목포행 완행열차보다 더 느리게 이동하였다. 바깥은 이미 어둑어둑하여 시야가 불투명하고 미처 맛집이나 가성비 좋은 숙박 장소를 확보하지 못하여 무작정 목포라고 표기된 안내표지판만 보면서 달리다 보니 막연하기도 하고 불안하기도 하였다. 그래도 조심조심 운전하면서 집사람이 맛집을 검색하여 목적지를 정했고 무사히 도착하여 입이 즐거운 일만 남았다고 생각하며 식당 안으로 들어섰다. 지방 도시의 아픔은 인구수의 감소로 경제적 타격이 심함으로써 특히 자영업의 애로가 극에 달했다는 것인데 역시나 맛집으로 검색된 식당이지만 손님은 달랑 한 테이블만 있었다. 평일이고 좀 늦은 시간이라서 그럴 거라고 자위하면서 생각보다 비싼 메뉴를 보며 해물 조개 진골을 주문하였다. 잠시 후 주문한 음식이 나오는 걸 보고 헉~ 손님이 없는 이유를 알 수 있었다. 가격에 비해 내용물이 너무 형편없었고 그것도 냉동에 보관되었던 것을 녹지도 않은 상태에서 끓이니 부드러운 맛이 날 리가 없고 밑반찬도 젓가락을 움직이고 싶지 않을 정도로 빈약했다. 맛집 선정을 잘못했다고 후회했지만 돌이킬 수 없어서 애꿎은 소주잔만 비웠다. 그나마 먹을만 했던 것은 낙지 초무침이었는데 역시나 가격에 비해 양 자체가 적어 젓가락질 몇 번으로 금세 없어졌고 가엾은 소주만 남았다. 아~잎술(잎새주)이여!

숙소를 고민하고 걱정했는데 마침 주변에 고고한 호텔이 눈에 띄어 예약하고 방문하니 기대치만큼 깨끗하고 따뜻하고 친절하여 남도 여행 첫날밤을 편안하게 보내면서 음식으로 찡그러진 이미지를 상쇄하고도 남았다.

이튿날 일어나니 밤새 내린 눈이 목포대교 풍경을 바꾸어 놓았고 호텔 앞마당은 하얀 잔디를 깐 것처럼 온통 흰색 천지였다. 오늘도 흑산도를 방문할 수 없겠다는 생각을 하면서 아침 식사를 하기 위하여 호텔 식당으로 내려갔는데 역시 기대치 이상으로 종류도 많았고 맛도 좋아서 흑산도를 가지 못한다는 우울한 기분을 조금이나마 삭일 수 있었다.

흑산도를 방문하지 못한 대안으로 해상케이블카를 타러 갔지만 역시나 강풍으로 운행이 중지되어 다른 볼거리를 문의하던 중 천사대교가 가까이 있다는 안내를 받고 기분이 업되어 네비게이션에 입력 후 곧바로 출발하였다. 천사대교는 진즉부터 꼭 달리고 싶었는데 애초에 계획이 없어서 잊어먹고 있던 차에 안내받으니 당연히 기분이 좋을 수밖에 없었다. 신안군의 압해도와 암태도를 연결하는 천사대교는 장장 10여 킬로미터이고 국내 최초로 사장교와 현수교를 동시에 배치한 교량이며 주변에 1,004개의 섬이 있다고 하여 천사대교로 명명되었다고 한다. 천사대교를 지날 때 눈발이 세차게 휘몰아쳤지만 서행하면서 주변 경관을 찬찬히 감상하였고 섬에서 만날 볼거리와 먹거리를 생각하니 저절로 흥이 났다. 하지만 안타깝게도 도로가 안 보일 정도로 눈이 많이 내려 볼거리와 먹거리는 구경도 못 하고 차창 밖으로 보이는 동백꽃과 벽화 그리고 하염없이 내리는 눈 구경만 실컷 하였다.

암태도에는 동백이 가로수로 치장되었는데 대어나서 동백꽃을 이렇게 많이 본 것은 처음이고 흰 눈에 덮인 동백꽃이 안쓰러웠으며 붉은색의 동백꽃이 아련하고 애달픈 감정을 담고 있어 도로를 달리는 내내 기다림과 그리움에 지친 동백 아가씨를 생각하며 가신 님이 어서 빨리 동

백 아가씨 곁으로 돌아가기를 기원하였다.

동백꽃을 뒤로하고 천사대교를 이용하여 되돌아오다 보니 뻘낙지 음식특화거리가 있어서 연포탕을 하는 식당에 들어갔는데 낙지가 연하고 부드러워 어느 정도 만족하여 기분 좋게 계산하고 다음 목적지인 순천 선암사로 향했다.

사실 오래전에 집사람과 선암사에 갔던 기억이 있는데 집사람은 기억이 전혀 나지 않는다고 하면서 도대체 어떤 여자와 갔었냐고 짓궂게 물어서 기가 막히고 코가 막혔다. 그래서 선암사에 도착 후 왔던 기억이 나면 어떻게 할 거냐고 했더니 자주 오면 좋은 거 아니냐고 한 발 빼는 듯이 대답하여 맥이 풀렸지만, 눈발 속에서도 운전만큼은 제정신으로 안전운전을 하였다.

선암사(仙巖寺)는 태고종의 총림으로 542년 아도화상과 875년 도선국사가 창건했다는 두 가지 설이 있는 천년고찰이며 신선이 바둑을 두던 평범한 바위에서 유래한 이름이라 하고 2018년 세계문화유산에 등재되었다. 선암사로 들어서는 강선루(降仙樓) 앞에는 우리나라에서 가장 아름답다고 하는 아치형 석교(石橋)인 승선교가 있는데 비바람에도 끄떡없고 흐트러지지 않는다고 한다. 주차장부터 승선교까지 걸어가는 길은 아름다움에 도취 되기도 하지만 방하착의 마음으로 근심과 걱정을 떨쳐버릴 수 있을 만큼 도로가 편안하고 평화로웠다.

선암사를 방문한 기억이 없다던 집사람은 아치형 석교를 보고 기억이 났던지 석교 밑에 매달려있는 엽전 이야기를 하였다.

다리를 완성하고 축조 비용을 정산해 보니 달랑 엽전 3개가 남았고 그것도 승선교 밑에서 선암사를 지켜주는 용두(龍頭)에게 바쳐서 입에 물고 있다는 이야기이다. 듣고 보니 재미있는 이야기이지만 집사람은 석교와 엽전 이야기만 기억나고 대웅전을 비롯한 사찰의 구조와 참배한 기억은 전혀 없다고 하니 곳곳에 천년을 지켜오면서 형태만 남아있는 고목도 슬퍼할 일이다.

선암사 참배를 마치고 다음 목적지인 통영을 향하면서 노벨 문학의 도시인 장흥을 방문하지 못한 것이 못내 아쉬웠다. 선암사를 방문하기 전에 장흥과 강진을 들러서 문학의 정취도 느껴보고 한우도 맛보려고 했는데 시간이 어정쩡하여 그냥 지나칠 수밖에 없었던 것인데 자꾸만 생각나니 다시 일정을 잡아 방문해야겠다는 다짐을 하면서 통영다찌를 향하여 운전대를 움켜잡았다.

통영은 동양의 나폴리라고 할 정도로 더 이상 설명이 필요 없을 만큼 아름답고 해산물 먹거리와 낭만이 풍부한 곳이다. 도착하자마자 허기가 져서 TV에 자주 나온 다찌집을 검색하여 방문하였고 이내 음식이 나왔다. 다찌라는 단어에 대해 여러 가지 견해가 있는데 서서 술을 마시는 선술집을 의미하는 일본어 다치노미에서 유래되었다는 설과 어부들이 작업대인 대(坮) 위에서 즉석으로 안주를 만들어 먹었다는 풍습에서 비롯되었다는 설도 있다. 작업대인 대를 통영 사투리로 다이라고 부르면서 다찌로 변형되었다는 것이다. 또 다른 의미로는 어부들이 뭍으로 나와 식당을 들어서면서 술안주로 뭐가 있냐고 물었는데 식당 주인이 이것저것 다있지라고 대답한 것에서 줄인 말로 다찌라는 단어가 탄생했다는 설도 있다. 암튼 다찌는 신선한 해산물을 조금씩 나누어 꾸준히 공급하는데 해산물을 좋아하는 나는 술과 곁들여 맛있게 잘 먹었고 해산물을 그다지 썩 좋아하지 않는 집사람은 몇몇 음식에만 젓가락을 움직여서 괜히 미안했다.

숙박 장소로 통영 앞바다의 야경이 보이는 곳을 예약하여 와인 잔을 기울이며 낭만을 즐기려 했지만, 숙소에 들어서자마자 피로가 몰려와서 씻는 둥 마는 둥 하고 우리 둘은 곧바로 곯아떨어졌고 눈을 뜨니 갈매기 울음소리와 아침햇살이 창가에 다가와 우리를 멀뚱히 쳐다보고 있었다.

아침은 겨울 별미라고 하는 물메기탕을 먹었는데 전날 과음을 하지 않아서 그런지 시원하거나 속이 뻥 뚫리는 맛은 아니었지만, 그런대로 먹을만하였다. 통영에는 바다와 인접한 시장이 있는데 펄떡거리는 활어를 보면서 생기를 찾고 즉석에서 회를 떠서 먹는 맛이 기가 막힐 정도라는데 이른 아침이어서 그런 모습은 연출하지 못하고 시장 인근에 있는 동피랑 벽화마을을 찾았다. 동피랑은 동쪽에 있는 가파른 피랑을 뜻하는데 피랑은 순우리말로 절벽, 벼랑, 언덕을 의미한다. 벽에 그려진 그림과 글을 보면서 꼭대기로 올라가니 통영 앞바다가 한 폭의 그림과 같이 다가오고 가슴이 확 트이면서 마냥 행복함을 느낄 수 있었다. 나가는 배와 들어오는 배 정박한 배가 갈매기와 어우러지면서 항구의 정겨움이 동피랑 꼭대기까지 묻어나왔다.

통영에서 가볼 만한 곳을 검색하니 통영수산과학관이 안내되어 달리다 보니 도심에서 벗어나 탁 트인 해안 길을 드라이브하고 있었다. 올

망졸망한 섬들이 마치 바다 위에 정박해 있는 대형 크루즈 같았고 작은 배들이 들락날락거리는 항구에는 부산하게 움직이는 손들이 삶의 희열을 느끼게 하였다. 과학관은 나름대로 위치도 괜찮고 종류와 볼거리도 다양하여 가성비가 괜찮았으나 임팩트한 부분이 다소 부족함을 느꼈고 어린이들은 호감을 가질 수 있겠다는 생각을 하였다.

통영 일정을 마치고 시골집으로 방향을 잡고 있었는데 도중에 해인사가 있다는 사실을 알고 언제 갔는지 기억이 없다고 하니 집사람도 마찬가지라고 하여 잠시 들리기로 하고 해인사로 향했다.

해인사는 신라시대인 802년에 대가야 왕족인 순응과 이정이 창건하였고, 국보이자 세계문화유산인 팔만대장경과 팔만대장경을 보관하는 장경판전이 있으며 한국의 3보(佛, 法. 僧) 사찰로 꼽힐 만큼 역사나 규모가 남다르다. 해인사(海印寺)라고 명명된 재미있는 전설이 있는데 용왕의 딸이 죄를 지어 육지의 강아지가 되어 속죄하던 중 착하게 살던 노인이 그 강아지를 정성껏 키웠고 속죄를 마친 강아지가 용궁으로 돌아가 노인에게 보답하는 의미로 용왕의 도장을 노인에게 주었는데 그 도장은 원하는 것을 쓰고 도장을 찍으면 적은 것이 실현된다는 도장이었다. 노인은 사리사욕에 이용하지 않고 도장을 사용하여 절을 세우는 비용을 댔고 그래서 바다 해(海)와 도장 인(印)자를 써서 해인사가 되었다고 한다.

해인사는 일주문부터 웅장하고 장엄하며 오래된 나무들이 좌우로 늘어서 있는데 천 년 이상을 비바람에도 꿋꿋하게 서있다 보니 허리가 굽어지기도 하고 고목이 되기도 하여 세월의 흔적이 고스란히 배어 있었다. 대적광전(부처의 진신인 비로자나불을 모신 법당)과 장경판전이 있는 곳까지 크고 작은 전(殿)과 각(閣)이 있었지만, 잦은 전란으로 대부분 소실되었고 지금의 건축도 조선시대에 중수되거나 신축된 것이라고 한다.

참배를 마치고 시골집으로 향하던 중 해인사 입구 주변에 다슬기 칼국수가 눈에 띄면서 시장기를 느껴 곧바로 주문하고 먹었는데 칼국수가 부드럽고 다슬기 국물과 잘 어울려 맛있게 먹고 푸근함이 기다리는 시골집을 향해 핸들을 돌렸고 콧노래를 불렀다.

시골집은 8년 전 어릴 때 살았던 집을 헐고 신축한 전원주택으로 틈만 나면 방문하여 텃밭도 가꾸고 페인트칠도 하였는데 최근에는 원거리와 바쁘다는 핑계로 방문 횟수가 줄어들면서 과실수와 텃밭의 농작물과 애정이 묻어있는 아련한 추억들이 밤새도록 왕의 간택을 기다리던 후궁들마냥 애증이 가득한 눈빛으로 나를 바라보는 거 같아서 수시로 틈을 만들어 자주 방문하겠다는 무언의 약속을 해야겠다고 다짐했다. 방문하면 생물이든 무생물이든 두손 두발 들고 환영해 주는 데 왜 그리 무심했는지 괜히 미안하고 죄지은 기분이 들어 어서 빨리 도착하고자 제한속도대로 힘차게 액셀을 밟았다. 시골집에 안전하게 도착하여 가마솥이 있는 아궁이에 불을 넣은 후 나물 반찬에 막걸리를 곁들인 저녁을 맛있게 먹고 뜨뜻해지는 온돌방에서 개운하게 하룻밤을 보내고 아침에 눈을 뜨니 온천지가 하얗게 변해 있었다. 어릴 적 눈이 오면 가장 먼저 마당을 쓸었던 기억을 소환하여 호기롭게 빗자루를 들었지만,

부엌에서 밥 짓던 어머니도 보이지 않고 넓고 아늑한 앞마당도 보이지 않아 두 발로 걸을 수 있는 통행로만 확보하는 빗질만 하였다. 이번 남도 겨울 여행은 눈(雪)을 몰고 다니다 보니 불편하고 위험했지만, 우리 부부가 함께한 잊지 못할 드라마 같은 여행이었다.

초등 동문 운동회

해마다 사월이 되면 조그만 시골 동네가 큰 잔치로 들썩인다.

삼십여 년 전에 폐교되지 않은 초등학교에서 봄 소풍이나 가을 운동회 때 온 마을이 부산하게 움직이고 운동장 한쪽에 가마솥 걸어놓고 뜨거운 국밥을 술술 말아 팔던 시절에나 있음 직한 들뜬 마음들이 동문 행사에서 재현되는 것이다. 그러니 그 당시의 추억을 생각하는 어르신들과 주인공이 되어 뛰어다녔던 세대들이 한 몸 한뜻으로 준비하고 참석하고 즐겁게 어울리니 동네가 들썩이지 않을 수 없는 것이다.

육 년을 몸담았던 학교가 사라지다 보니 학교 운동장이 아니고 별도로 지어진 마을 건물에서 진행되지만, 추억을 되새기고 그리움을 삭히는 데에는 아무런 문제가 되지 않는다. 학창 시절에는 소풍이나 운동회를 앞두고 마음이 들떠서 잠을 설치거나 아예 뜬눈으로 밤을 새운 적은 있지만 어른이 된 후에는 뒷날에 기대되는 이벤트가 있다고 하더라도 잠이 안 올 정도로 마음이 들뜨는 경우는 거의 없는데 초등학교 동문 행사가 있는 전날 밤만은 전야제부터 시작하여 끝날 때까지 마음이 하늘을 붕붕 날아다닐 정도로 기분이 최고조에 이른다. 이런 행사가 일 년에 몇 번 있으면 좋겠다고 생각할 정도로 신바람 나는 축제이다.

나도 물론 적극적으로 참석하여 선후배들과 재회하여 신나게 즐기고 동문 행사가 끝나면 동창들과 또 다른 이벤트로 켜켜이 쌓인 회포를 밤새 풀고서야 마무리하고 일터로 되돌아간다.

동문 행사는 동문회를 이끌고 가는 회장단과 주관 기수가 원팀이 되어 각양각색의 프로그램을 개발하거나 도입하여 오로지 즐겁고 신바람 나게 하면서 동문들의 단합과 우정이 쌓일 수 있도록 풍성하게 개최하는 행사이다.

이제는 세월을 훌쩍 뛰어넘은 중 장년들의 입맛을 돋우기 위하여 배추전이나 나물 고기 명태 등을 어릴 적 뇌와 혀가 기억하도록 간을 맞추고 쫄깃하게 요리하는 것은 기본이고 그 시절 분위기를 살리기 위하여 천막을 치고 가마솥을 걸어놓고 돼지머리도 삶고 국밥도 끓여 내면서 막걸리 한 사발을 들이켤 수 있도록 분위기를 고조시킨다. 막걸릿잔을 동창들끼리 주거니 받거니도 하지만 오랜만에 만난 선후배들끼리도 주거니 받거니 하고 어릴 적 눈여겨봤지만 끝끝내 말 한마디 건네지 못하고 각자의 가정을 꾸미어 살고 있는 짝사랑한 오빠 동생과도 잔을 기울이며 아득히 멀어져간 세월을 곱씹어본다. 명랑운동회와 동문들의 노래자랑이 끝나면 초청한 가수가 비록 유명한 가수는 아니어도 신나고 흥겹게 부르는 노랫가락에 장단 맞춰 춤추고 떠들다 보면 어느새 행사가 마무리되고 아쉬움을 가득 안은 채 후년을 기약하며 뿔뿔이 각자 삶의 터전으로 흩어진다. 이때 그나마 아쉬움을 조금이라도 달래주는 것이 푸짐하게 쌓아놓은 상품을 추첨하는 시간인데 희한하게도 기수별 혹은 남녀별 골고루 당첨되어 누구라도 불평을 가질 수 없게 만드는데 정말 고마운 행운의 절차이다.

추첨에서 자자한 상품도 당연히 가치가 있지만 단연코 그날의 히어로는 가격이 가장 비싼 상품 즉 냉장고나 대형 TV, 자전거 등이 당첨되었을 때이고 당첨된 사람은 말할 것도 없고 당첨된 사람이 같은 기수 동창이라면 한바탕 잔치가 추가로 열려야 할 정도로 축하해주고 기쁨에 들뜬다. 다만 추첨하는 방식이 지극히 공정하다는 걸 믿지만 간혹 불공정하게 추천할 수도 있을 거 같은 의구심은 완전히 떨쳐버리지 않고 있다. 세상일은 아무도 모르기에~~

어릴 적 운동회 때 술에 취해 소리 지르고 비틀거리는 어른들의 모습이 기이하게 여겨졌는데 세월이 흐른 지금도 꼭 그런 사람이 있는 걸 보면 세상 참 재미있기도 하고 신기하기도 하다.

어느 지역 어느 학교마다 이렇듯 동문 행사가 이루어지는데 이는 동문 간에 유대감은 물론 지역발전에 기여하는 공로가 꽤 크다고 볼 수 있다. 특히 우리나라는 동료의식이 강해 혈연이나 학연과 지연으로 얽혀있는 구조가 도를 넘어서는 경우가 종종 있는데 좋게 생각하면 개인과 지역발전에 기여하지만 나쁘게 생각하면 끼리끼리 어울리면서 유능한 인물이나 선의의 집단을 배척하고 봉쇄함으로써 능력 발휘를 차단하여 국가나 사회 발전을 저해하는 예도 있어서 적당히 활용하는 장치가 있으면 좋겠다는 생각을 한다.

어쨌든 우리 동문 행사는 어렵사리 고향을 지켜나가는 어르신들에게는 일회성으로 끝나는 반짝 행사가 아니고 해마다 개최됨으로써 기다려지고 기대할 수 있는 행사이므로 어르신들 삶의 활력이 되고 각 지역으로 흩어져 살고 있는 동문들은 고향에 대한 그리움을 삭히고 학창 시절의 추억을 되새기는 소중한 시간이 되고 있다.

총 동문 행사가 끝나면 각 동창끼리 별도의 모임을 하는데 우리 동창들도 당연히 장소를 이동하여 우리만의 행사를 치른다. 이때는 시간이 맞지 않아서 총 동문 행사에는 불참한 친구들도 참석하여 정말 소중한 시간을 보낸다. 어릴 적 철모르고 만나서 6년을 함께 동고동락했으니 남녀 불문하고 오죽 친한 사이겠는가? 같은 성(姓)을 가진 집안이나 사촌 팔촌 사이의 동창도 있고 고모나 이모 같은 수직적인 친척관계도 있다. 밤새 이야기를 해도 끝이 나지 않고 남녀가 같은 방에서 밤을 지새워도 아무 탈이 발생하지 않는 관계이다.

안타깝게도 먼저 세상을 떠난 친구도 있고 삶이 팍팍하여 참석을 기피하는 친구도 있지만 누구 하나 불평하거나 볼멘소리하는 친구는 없다. 그냥 이대로 건강 지키면서 사이좋게 한평생을 즐기면 좋겠다는 생각만 할 뿐이다.

나이가 들어갈수록 만남의 횟수가 줄어들다 보니 1박2일의 여정이 짧다고 불평하는 친구들이 많은데 아쉬움이 많아야 다음 만남이 더 반가울 수 있다는 어정쩡한 진리 앞에 고개 숙이고 후년을 기약하면서 헤어질 수밖에 없다. 그래도 원기를 회복하고 기력을 보충하는 소중한 시간이 해마다 있다는 것이 여간 고맙고 감사할 수 없다.

먼저 간 친구여

먼저 간 친구여
말없이 훌쩍 떠난 것이 미안하지 않은가?
어찌 인연을 이렇듯 차갑고 야속하게 끊어낼 수 있는가?

떠나가는 자네의 발걸음도 가히 가볍지는 않았을 터
오죽하면 이별 곡조 한 마디 부르지 않았겠냐만

세월이 흘러 찢겨진 아픔이 아물어가면
나도 자네의 뒤를 따를 것이니
낯선 곳 다정하게 안내해 주게나

그래도 나는 남은 친구가 행여나 있다면
마다하지 않고 슬픈 곡조 한 구절 남기고 떠나겠네.

꿈인 듯 생시인 듯 다시 만나면
못다 한 밭갈이를 밤새워 갈아보세나

여기에는 텁텁한 막걸리 한 사발과
어~머~니하고 시작되는 노랫가락이 있어야겠지

長年이 되어도

에이

나이가 몇인데 그런 일을 하겠는가?
살아온 날보다 살아갈 날이 적은데
인제 와서 그런 일에 어찌 감히 엄두를 내겠는가?

長年이 되면
행복에 겨운 꿈을 꿀 수도 없고
신기루를 향해 의지를 불태울 수도 없고
따스한 봄날을 기대하며 장미꽃 기지개를 켤 수도 없는 것인가?

아니다.
절대 아니다.

아침햇살을 바라보며 하루를 꿈꿀 수 있고
다가오는 내일을 향해 외마디 손을 내밀 수 있으며
원대한 포부를 하나하나 설계하여 구체적 실천 의지를 다질 수도 있다.

백년의 인생은
타고나며 새겨진 그림으로 살아가는 것이 아니라
줄기차게 도전하고 주저앉고 또 도전하여 마침내 달성하는
회한의 눈물과 감격의 눈물을 주고받으며 열정을 소화하는 것이다.

(대한민국 정부 기준 : 靑年:20~29. 中年:30~39. 壯年:40~49. 長年:50~64)

사건과 사고

우리는 살아가면서 많고 많은 별의별 사건 사고와 만나고 다양한 관계를 맺으며 때로는 알콩달콩하게 때로는 울퉁불퉁하게 살아간다. 부모님의 사랑으로 이 세상에 태어나면서 부모님과 떼려야 뗄 수 없는 인연을 죽을 때까지 이어가고 유아원부터 대학원까지 학문하는 사이에 이런저런 친구들을 만나며 이성을 만나 결혼하면서 부모가 되어 자식들과 평생 내가 그래왔듯이 인연을 맺으며 살아간다. 다람쥐 쳇바퀴 돌듯이 전체적인 카테고리는 반복되면서 삶의 방법이나 행복의 척도가 부분적으로 다르고 주체가 바뀐 삶을 살아갈 뿐이다. 결국 행복을 향해 금전적으로 치열하게 경쟁하고 명예를 획득하기 위하여 상대를 짓밟아야 하는 운명적인 다툼을 하면서 승리하고자 하는 욕망을 숨기지 않고 물불을 가리지 않으면서 오로지 이기고자 하는 다소 치졸한 싸움을 한다. 그러다 보니 사회적 낙오자가 생기고 낙오자가 권토중래하며 부활하면 다시 경쟁자 대열에 합류하여 행복을 향해 달리고 부활하지 못하면 사회적 낭인이 되어 생을 마감하는 슬픈 결과를 초래하면서 국가적으로 큰 손실을 낳고 있다.

이 같은 상황은 우리나라만 그런 것이 아니고 지구상 모든 나라가 그러하지만 유독 우리나라가 더 냉정하고 더 치열한 이유는 인구밀도가 높아 한정된 자원으로 모두를 충족하게 할 수 없고 상대와 비교하려는 체면문화와 과시 문화가 뿌리 깊이 내려앉아 있기 때문일 것이다. 이런 덕분인지는 모르겠지만 세계적으로 유일무이하게 최단 시간에 경제와 민주화를 이룩한 기적 같은 나라가 되었고 세계가 인정하는 나라가 되었다. 뿌듯하고 기쁘기도 하지만 슬프기도 하면서 가슴 아픈 이야기이다.

누구나 지금까지 살아오면서 국가의 흥망만큼이나 부침도 있었고 아픔도 있었고 기쁨과 슬픔이 있었을 것이다. 물론 금수저로 태어난 사람들은 이런 아픔을 겪을 일이 없겠지만 대부분의 장삼이사는 오늘 다르고 내일 다른 삶을 살아가면서 사건 사고와 부딪치며 꾸역꾸역 행복을 챙기며 살아가고 있다.

나도 아찔한 사고가 있었고 부침이 있었다. 가장 먼저 떠오르는 사고는 연탄가스 중독이었다. 손금에 생명줄이 짧아 오래 살지 못할 거라는 운명을 타고났다고 장난삼아 본 손금 보는 사람이 말한 기억이 있다. 그 당시에는 굵고 짧게 사는 것도 괜찮은 거라고 자위하면서도 내심 이게 맞는 말이면 어쩌지 하는 다소 불안한 생각을 한 적이 있다. 지금은 오히려 죽을 고비를 넘겼으니 오래 살 수도 있겠다는 생각을 은연중에 하지만 인명은 재천이라고 하는 명언을 믿는 편이다. 그러니까 고등학교 때 일어난 사고였는데 죽은 목숨이었지만 용케 살아났다. 중고등학생일 때는 거주지가 시골이라서 통학 거리가 멀어 시내에 방을 얻어 자취하고 있었다. 그 당시만 하더라도 연탄가스를 마시고 생명을 잃은 사고들이 이틀이 멀다고 신문 사회 지면에 자주 기사화되었다. 특이한 것은 누구나 생명은 소중하지만, 희생자 대부분이 가난하게 사는 사람이라는 것이다. 부자들은 기름이나 전기로 난방을 하거나 연탄을 사용하더라도 보일러를 돌리니 연탄가스가 방안으로 스며들 이유가 없었지만, 가난한 사람들은 연탄불로 직접 구들을 데우니 방바닥이 갈라지거나 틈새가 발생하면 여지없이 무색무취한 연탄가스가 방안으로 스며들어 잠자는 동안에 코를 통해 폐까지 이동되어 즉사하는 것이다. 연탄가스가 소리 없는 암살자라는 말이 괜히 생긴 게 아니다.

나는 저녁을 지어 먹고 책 좀 보다가 잠자리에 들었는데 아침에 일어나 재래식 화장실을 간 기억은 있다. 그리고 정신을 차려보니 화장실에 쓰러져 있는 나를 보고 깜짝 놀랐다. 아마도 화장실에 있는 황토가 나를 살린 게 아닌가 싶다. 만약 시멘트 위에 쓰러졌다면 지금 살아있지 않고 황천 어딘가에서 슬피 울며 친구를 그리워하거나 부모님을 원망하고 있을 것이다. 그 뒷날 집주인이 깜짝 놀라서 방바닥을 수리하여 더 이상 사고가 일어나지 않았지만 지금 생각해도 아찔하다. 어떤 사고나 사건을 겪으면 흔한 말로 액땜했다는 표현을 쓰는데 당한 사람을 위로하면서 용기를 잃지 말고 힘을 내라는 의미이지만 심리적으로 안정

될 수 있는 고마운 표현이다. 그때 액땜을 해서 그런지는 몰라도 지금까지 특별히 아프거나 다친 적 없이 건강하게 살아가고 있다.

또 다른 사건은 역시 고등학생일 때 서울 나들이하면서 발생한 사건이다. 시골 고등학교에 다닐 때는 나름대로 똘똘하다고 생각했는데 이 사건 이후로는 쥐구멍을 찾아다닌 경우가 많았다. 초등학교 때에는 서울 나들이를 하더라도 어른들 틈새에서 안전하게 놀다가 내려가서 아무런 사고나 사건이 발생하지 않았지만, 고등학생이 되면 나름대로 머리가 컸다고 독자적인 행동을 하려는 경향이 있다. 나 또한 시건방지게 혼자서 서울역을 탐사하겠다고 나섰다가 보기 좋게 한 방 먹은 웃고픈 사건이 있었다. 어느날 버스 번호를 유심히 보니까 한 바퀴 빙 돌고 다시 제자리로 돌아오는 버스가 있었다. 몇 번인지는 기억이 없지만 자신감을 등에 업고 버스에 탑승하였고 호기롭게 서울역에 내렸다. 서울역에 내려서 두리번거리며 지하도를 건너고 서울역 광장을 흥미 있게 구경하고 있는데 낯선 아저씨가 접근해 왔다. 그 당시 나는 누가 봐도 새까만 피부에다가 볼품없는 옷차림에서 촌티가 철철 흐르고 있었는데 아마도 나만 모르고 있었을 것이다. 그러니 낯선 남자가 접근해 오는 것을 단순히 길을 묻거나 나에 대한 외모를 이야기하는 줄만 알고 경계심 없이 다정하게 대했다. 하긴 이 넓고 넓은 곳에서 아는 척해주는 사람 한 명 없었는데 오히려 그 낯선 아저씨가 마냥 고맙기만 하였다. 그러다 보니 장황하게 이런저런 이야기를 쏟아붓는 아저씨 말에 귀를 기울였고 지금 생각해 보면 말도 안 되는 이야기에 점점 빨려들어 어느덧

원팀이 되었다. 자세한 기억은 희미하지만 아마도 이런 내용이었던 거 같다. 지금 버스 안내양이 부족하여 거스름돈을 주고받을 사람이 없어서 버스를 운행하지 못하니 학생이 잠깐 아르바이트를 해주면 버스를 운행하여 수익을 만들어 그 수익 중 일부를 아르바이트 비용으로 주겠노라 하는 것이었다. 어려운 일이 아닌 거저먹는 일이니 걱정하지 말라면서 거스름돈이 내 돈과 섞이면 나중에 문제가 될 수 있으므로 지폐를 자신에게 맡기고 동전만 가지고 거스름돈으로 활용하라는 것이었다. 들어보니 어려운 일도 아닌 거 같고 시간도 많이 소모되지 않으면서 돈도 벌 수 있다기에 흔쾌히 받아들였다. 주머니를 보니 지폐가 몇 장 들어 있었고 동전이 딸랑딸랑하며 소리를 내고 있어서 소리 없는 지폐를 아저씨에게 건넸다. 아마도 삼만 원쯤 되지 않았을까 싶다. 건넨 돈을 받은 아저씨와 함께 서울역 앞에 있는 다방(茶房)으로 들어갔는데 아저씨는 차를 한 잔 시키고 잠시만 기다리면 관련된 사람을 데리고 올테니 차 마시면서 기다리라 하고 들어온 출입구 반대편으로 나갔다. 나는 속으로 콧노래를 흥얼흥얼거리며 거스름돈을 어떻게 하면 빠르게 주고받을까를 궁리하면서 정 많던 아저씨를 기다렸지만, 그 사기꾼이 올 리가 만무하였다. 한 시간 이상을 기다리다가 속았다고 생각하고 서울역 앞에 있는 남대문 경찰서에 울면서 자초지종을 설명하며 신고하였지만 그때나 지금이나 바쁜 경찰들이 촌놈이면서 흙수저인 나를 위하여 발 벗고 나서서 어쩌면 안면이 있는 그 사기꾼을 잡을 리가 없었다. 그래도 다행인 것은 주머니에 동전이 남아있어서 버스 타고 친척 집으로 돌아갈 수 있었다는 것인데 사기꾼에게 그나마 고맙다고 해야 하는 건지 죽을 때까지 잊지 않고 어금니를 깨물어야 하는 건지 아직 해답을 찾지 못하고 있다. 또 내가 어리석은 것은 부끄럽고 창피한 일이지만, 그런 사기꾼들이 서울역 앞을 어슬렁거리며 활개를 치고 다닌다는 것에 대해서는 아직도 화가 난다.

부침이었던 사건은 대학교 생활할 때였다. 시골 고등학교를 졸업하고 그 당시에는 아무나 서울로 진학하는 시대가 아니었지만, 나는 무슨 생각을 했는지 서울에 있는 대학에 진학하였다. 일단 성적이 되었고 거처할 곳이 있었으며 아무래도 꿈에 그리던 서울 생활을 하고 싶어서 그렇게 결정한 게 아닌가 싶다. 그 당시에 나는 부모님이 연로하셔서 대학이나 전공학과에 대해 상의할 상황이 아니었다. 부모님 입장에서는 특별히 신경 쓰이게 하지 않으면서 제 갈 길을 알아서 가는 아들이 마냥 고마웠겠지만 나는 아쉬움이 좀 있었다. 아무리 의젓한 고등학생이라 하더라도 부모님에게 의지하고 싶은 욕구는 지극히 당연하고 그러지 못한 가정은 부모님이 가난하여 도움을 줄 상황이 안 되거나 부모님이 관심을 가질 여력이 안 되는 경우일 것이다. 이러나저러나 나는 부모님에게 의지하지 않고 대신 어릴 적에 부득이 큰집으로 양자를 간 형님하고 상의를 하면서 결정하였다. 법적으로는 사촌간이었지만 틀림없이 친형제의 피를 나눈 사이이고 생김새나 취향이 비슷하여 누가 봐도 한 부모님의 형제로 인정되었고 친형제인 것이 사실이다. 큰집에 대를 이을 아들이 없어 부모님이 어릴 때 양자로 입적시켜 함께 자라지는 않았지만 수시로 상의할 관계는 되었다. 결국 서울 생활은 형수님에서부터 시작되었는데 솔직히 아무리 친한 형제간이라 하더라도 가정을 꾸민 상태에서는 서로가 불편하고 부담이 될 수밖에 없다. 일단 결혼과 함께 관계가 설정된 형수와 시동생의 간극은 생각보다 넓고 깊다. 물론 서로가 하기 나름이지만 보편적으로 볼 때 결코 오글거리는 사이가 된다는 것이 쉽지 않다는 것이다. 더구나 무뚝뚝한 성격의 소유자는 더더욱 그렇다. 시골에서 갓 올라온 촌놈이 가정적으로 편안하지 않은데 학교생활이 즐겁거나 신바람 날 일이 없고 금전적으로도 풍족하지 못하니 낭만도 없고 연애도 없고 학문도 거리가 멀어질 수밖에 없었다. 한마디로 주눅이 들어 날개를 펼치지 못한 채 학년만 올라가는 꼴이 되었다. 이런 상황에서 결정적으로 나를 힘들게 한 것은 형님의 이혼이었다. 안 그래도 대학 생활이 지겨울 정도로 지쳐있었는데 설상가상으로 어렵사리 기대고 있던 가정마저 파탄이 되었으니 꿈에 부풀었던 나의 대학 생활은 산산조각이 나고 말았다. 학업성적은 바닥을 기어다녔고 결석이 잦았던 교련(敎鍊) 과목은 기어이 과락을 받아 이듬해 재교육을 받고 수료했지만, 그 여파로 전체 성적이 하향하여 학점에 대한 트라우마가 아직도 남아있다. 성적이 낮다 보니 학점을 보고 서류전형에서 1차로 탈락시키는 대기업의 희생양이 자주 되었고 그나마 대학 명성이 있었기에 가까스로 직장생활을 할 수는 있었지만 나에게 대학 생활은 결코 순탄하지 않았다.

역사에는 만약이라는 가정(假定)이 있을 수 없듯이 인생에도 만약이라는 가정을 생각할 필요는 없지만 그래도 잠시 마음을 달래주고 위안이 되어주는 가정을 생각할 때가 있다. 만약 내가 대학 다닐 때 가정적으로 안정되고 금전적으로 빈곤하지 않았더라면 학업에 열중하면서 낭만적인 생활을 통해 기반을 다지고 원하는 직장생활을 하면서 지금보다 더 행복한 삶을 살지 않을까 하는 별 시답잖은 생각은 그야말로 가정일뿐이다.

신(神)은 누구에게나 시련을 주지만 동시에 극복할 수 있는 힘도 함께 준다고 한다. 누구라도 힘에 부치고 고달픔이 오더라도 슬기롭게 이겨내어 따뜻한 세상에서 흐드러지게 피는 메밀꽃처럼 환한 인생을 살아가면 좋겠다.

회귀하는 설렘

산골짜기 흙냄새는 무던히도 많이 맡았다.

무표정한 도시는
어리숙한 진실의 짓밟힘에 체념하고
난해한 군상들의 가식이 어지러이 나뒹굴며
매캐한 콘크리트 조각이 코끝을 찡그리게 한다.

떠날 때 양양한 의기로 한 발짝 내디뎠고
언덕 없이 소리치며 두 발짝 내디뎠고
세 발짝 내밀었을 땐 自信이 다가왔다.
더 나아가기 위해 무수히도 내 디딘 발자국은
뒤따라온 사랑을 앞장서게 만들었다.

풋풋한 반쪽이 생겼고
소중한 피붙이가 다가왔고
흐트러지지 않는 울타리가 만들어졌다.

세상살이에 허덕거리고
우격다짐이 고집부려도
비집고 나온 참된 수레가 바퀴를 돌렸다.

이제는
다시 산골짜기 흙냄새를 맡고 싶다.

어릴 적 향기 나는 꿀맛이 아니고
혀끝부터 씁쓸한 우둔한 맛이라도
보듬어주고 안아준 산자락 밑에서
아버지 어머니가 남기신 인정을 베풀며
산골짜기 흙냄새를 맡고 싶다.

거기에다
탁한 막걸리 한 잔 곁들인다면
지나가는 과객이 수줍어하려나.

사찰 기행

유난히 덥고 더운 8월 어느날 집사람과 함께 휴가 기간이 맞아 무엇을 할까 고민하다가 평소에 가보고 싶었던 사찰을 기행 하기로 하였다. 나는 불교에 가까운 무교이지만 집사람은 정기적으로 법회에 참석하거나 고정적으로 다니는 사찰은 없지만 현재 그 위치에서 가까운 사찰이 있다면 지체없이 방문하여 부처님께 절하면서 가족의 건강과 안녕을 기원할 정도로 부처님을 공경하는 독실한 불교 신도이다. 더위에 잠시 고민했지만, 즉각 실천하기로 하여 첫 번째 기행지로 충북 제천에 있는 정방사를 선택하고 출발하였다.

제천은 군 장교 동기가 시장(市長)을 하고 있고 고향을 오르락내리락 할 때마다 지나치는 곳이어서 특별히 정감 어린 도시이다. 또 먹거리와 볼거리가 많아 사시사철 관광객이 끊임없이 이어지고 특히 스포츠 메카로 발돋움하고 있다.

정방사(淨芳寺)는 맑고 향기로운 사찰로 제천 시내에서 승용차로 20

여 분 정도의 거리에 있고 신라 의상대사가 창건한 천년고찰이다. 승용차에서 내려 가파른 길을 십여 분 정도 걸어가면 기묘한 바위 밑에 절묘하게 지어져 있는 정방사가 보이는데 바위가 지붕 역할도 하고 바람막이와 병풍 역할도 하면서 자연과 인간의 기술이 한데 어우러져 있는 경이로운 목조 사찰이다. 입구에는 목조로 지은 해우소가 있는데 볼일을 보기 위해 걸터앉으면 발아래 보이는 산허리가 장엄하고 평화로워 그야말로 근심을 잊을 수 있고 법당 앞에서 바라보는 청풍호는 그림 같은 풍경으로 가슴이 뻥 뚫리면서 날아가고 싶은 충동을 느낄 정도로 지대가 높다. 법당 안에는 목조 관음보살 좌상이 있는데 머리에는 보관(寶冠)을 쓰고 불형의 옷을 입었으며 신체 비례가 알맞고 인상이 단아한 아름다운 보살상이고 뒤에는 후불탱화가 그려져 있다. 집사람은 관음보살상을 향해 두 손을 모았다가 펴면서 정중히 절하고 나는 옆에서

엉거주춤한 자세로 절하면서 지금까지 건강하게 살아온 것에 대해 감사함을 전했다. 나는 언젠가부터 부처님이나 하느님께 절하거나 기도할 때 무엇을 어떻게 해달라는 소원을 빌지 않고 현재의 삶에 대해 감사하고 고맙다는 뜻을 전하고 있다. 솔직히 부처님이나 하느님이 이 세상 모든 사람의 소원을 들어주려면 1분 1초도 쉴 틈 없이 바쁘게 움직여야 할 텐데 인간으로서 그분들에게 할 도리는 아닌 거 같고 그저 현실에 만족하면서 건강한 삶이 이어지도록 스스로 관리하는 것이 그분들을 감동하게 해 진정한 축복을 주지 않을까 생각한다.

정방사를 뒤로하고 제천 시내로 나오면서 그전에 곤드레밥을 맛있게 먹었던 식당이 생각나서 방문하였지만 아쉽게도 휴무일이라서 먹지 못하고 발길을 고향집으로 향했다. 8년 전에 지어놓은 고향집은 한 달에 두세 번 내려가서 텃밭 농사도 짓고 친구들과 고기도 구워 먹으면서 요긴하게 이용하고 있는데 거리가 멀고 나이가 들면서 귀찮은 생각까지 들어 방문하는 횟수가 점점 줄어들다 보니 스스로 안타까운 생각이 들어서 당장이라도 시골 생활을 할까도 고민 해봤지만 때가 있으려니 생각하고 있다.

고향집에서 하룻밤을 자고 두 번째 기행지로 경북 김천에 있는 직지사로 향했다. 직지사는 고등학교 때까지 같은 도(道) 생활권이었지만 한 번도 가보지 못했다. 나름대로 명성이 있는 관광지라서 고등학교 시절에 막연히 기차 타고 친구들 혹은 여고생과 꼭 가보고 싶었는데 무슨 이유였는지 모르지만, 갔던 기억이 없다. 지금 생각해 보니 여고생과

야리꾸리한 생각을 하면서 방문하려고 했으니 부처님 얼굴이 화끈거려 기회를 주지 않은 것 같다. ㅎㅎ

승용차로 두 시간 정도를 달려 김천에 도착하였는데 길 양옆으로 비닐하우스가 촘촘히 늘어져 있어서 뭔가 하고 살펴봤더니 하우스 안쪽에 포도가 풍성하게 자라고 있었다. 그제야 김천이 포도로 유명한 고장이라는 것을 알고 땀흘리며 정성스럽게 키우는 농부에게 마음속으로 머리숙여 감사함을 전했다. 직지사 입구에는 시(市)에서 조성한 잔디와 휴게공간이 깔끔하게 정비되어 있었는데 사명대사 공원이라고 한다. 대형 물레방아와 목재로 만든 평화의 탑이 있고 군데군데에 시(詩)를 새겨넣은 돌(石)이 있어서 보기에도 좋았지만, 정서적으로도 안정감이 있고 품위도 있어 보였다.

직지사는 고구려 아도화상이 지었다는 설(說)도 있고 418년에 신라 눌지왕 때 묵호자가 창건했다는 설도 있다. 직지라는 이름은 아도화상이 현재 위치를 손가락으로 가리켜서 붙여졌다는 설과 조선 태조 때 능여가 중건하면서 자(尺)를 쓰지 않고 손으로 측량한 데서 붙여진 이름이라고도 한다. 이런저런 설이 많은 사찰답게 대지가 넓고 건축물이 웅장하여 보는 사람들로 하여금 그 위세에 압도당할 수 있는 사찰이다. 대웅전을 중심으로 앞뒤 좌우에는 각종 임자와 각(閣)이 설치되어 있고 석탑과 석등이 자리 잡고 있으며 특이하게 사명대사의 초상을 봉안한 사명각이 있다. 대웅전에는 석가모니와 약사불 아미타불이 봉안되어 있고 뒤로 삼존불 탱화가 봉안되어 있는데 중앙에는 석가여래의 영산

회상도가 왼쪽에는 약사회도가 오른쪽에는 아미타불의 극락회도가 배치되어 있다. 직지사는 임진왜란 때 의승병을 조직하여 의승 도대장으로서 혁혁한 공을 세운 사명대사의 출가 본사로도 유명하다. 사명대사가 어릴 적 은행나무 옆 깎아놓은 것 같은 돌판에 누워 잠들었는데 직지사 주지 스님인 신묵대사의 꿈에 천왕문 옆 은행나무에 서려 있는 황룡이 나타나 깜짝 놀라 꿈에서 깨어나 달려가 보니 소년이 자고 있었고 그가 자라서 출가한 사명대사라는 것이다. 그 돌은 아직 그 자리에 있지만 은행나무는 임진왜란 때 불타고 없어졌다고 한다. 사명대사는 직지사 주지 스님을 하면서 스승과 잠시 금강산에 머물고 있었는데 이때 임진왜란이 발발하자 의승병을 모집하여 왜군을 무찌른 공을 세운 분으로 민족혼을 깨우친 훌륭한 스님이다.

집사람이 부처님에게 절하고 공을 비는 사이에 나는 대웅전 맞은편에 있는 누각에 올라섰다. 누각에서 바라본 대웅전과 좌우에서 배례하듯 서있는 석탑이 울창한 황악산을 배경으로 그림처럼 펼쳐져 눈에 들어왔고 곳곳에 단풍나무가 적절히 배치되어 가을이면 황홀한 경치가 기대되었다. 기회가 되면 다시 방문하겠다고 다짐은 했지만 쉽지 않은 여정이라는 것을 당연히 알고 그냥 내뱉어 본 희망에 불과하다. 누각 밑으로는 인공적으로 만든 작은 개울이 있는데 날씨가 워낙 뜨거워 개울물이 시원하지는 않았지만 흐르는 물소리는 여름의 열기를 잠시나마 식혀주는 듯하였다.

직지사 입구에는 유명 관광지답게 식당들이 즐비해 있는데 대부분이 산채를 재료로 요리한 다양한 음식을 판매하지만, 간혹 고기를 재료로 조리한 음식을 판매하는 곳이 있어서 사찰을 배려하지 않은 이기적인 상술이라는 생각이 들어 언짢은 기분도 들었지만, 한편으로는 이해도 되었다. 화려한 문구로 자기 식당을 홍보한 식당에 들어가서 집사람과 메뉴 선택으로 잠시 갈등이 있었지만 즉시 봉합하고 산채정식을 맛있게 먹고 다시 고향집으로 향했다.

고향집으로 오는 도중에 네비게이션이 안내하는 도로를 잠시 착각하여 경북 구미로 향하게 되었다. 집사람은 피곤했는지 잠에 떨어져서 이 상황을 전혀 모르고 있어서 다행이라는 생각과 함께 박정희 대통령 생가가 떠올랐다. 지금까지 살면서 일부러 방문할 계획이나 생각은 없었지만, 이왕 이렇게 되었으니 가보는 것으로 결정하고 네비게이션에 입력 후 안내받으며 운전하여 생가에 도착하였다. 도착 후 잠에서 깨어난 집사람이 왜 여기를 왔냐고 가볍게 역정을 내기에 그래도 한 번쯤은 방문해 봐야 하는 거 아니냐고 둘러대고 경제 기적과 독재 정치로 공과(功過)가 양분된 박정희 대통령 생가와 기념관을 보면서 사진도 찍고 방명록에 짧은 글도 남겼다. 다행히 지금까지 집사람은 내가 길을 잘못 들어서 박정희 대통령 생가를 방문한 것은 모르고 내가 가보고 싶어서 간 것으로 알고 있다. 길을 잘못 들어서 갔다는 것을 알면 아마도 소급해서 한마디 할 것이다. 네비게이션 아가씨 말 잘 들으시오! 라고.

네비게이션이 안내하는 길을 따라가면서 깨달은 것은 인생의 목표가 아무리 원대하고 위대하다고 하더라도 명확하지 않으면 목표에 도달하는 길을 안내받을 수 없다는 것이다. 어정쩡한 목표이거나 불분명한 목표는 주위를 맴돌 뿐 최종적인 목표지점에 깃발을 꽂을 수 없으므로 단계별 혹은 궁극의 목표를 명확하게 설정해야 한다는 것이다. 이런 논리를 아이들에게 설명하면서 중학교 때부터 도전할 목표를 세우는 것이 중요한 이유를 네비게이션에 빗대어 설명하면 아이들이 공감하면서 목표의 중요성을 인지하는 거 같아서 다행이라고 생각한다.

다시 고향집에서 하룻밤을 자고 이번에는 거주하는 집으로 가는 길에 있는 강원도 영월의 법흥사를 세 번째 기행지로 정하였다. 법흥사는 부처님 진신사리를 모신 국내 5대 사찰 중 하나로 고향을 오갈 때마다 표지판을 봐서 그런지 전혀 낯설게 느껴지지 않은 곳이다. 법흥사로 올라가는 우측에는 동강의 상류인 법흥천이 길게 이어지고 있었는데 찌는듯한 무더위에도 불구하고 캠핑과 강 수욕하는 사람들로 북적거렸고 잠시 이해가 안 되었지만, 그 사람들의 처지에서 생각해 보니 이내 이해가 되었다.

법흥사는 신라 자장율사가 당나라에서 석가모니불의 진신사리를 전수하여 오대산 상원사, 태백산 정암사, 영축산 통도사, 설악산 봉정암에 사리를 봉안하고 마지막으로 법흥사를 창건하여 진신사리를 봉안하였다고 한다. 사찰의 최초 이름은 흥녕사였는데 불타서 소실되었다가 비구니 대원각 스님이 1902년에 중건하여 이름을 법흥사로 개칭하였다. 진신사리를 모신 적멸보궁으로 가는 길은 햇빛에 고스란히 노출된 길고 가파르게 이어진 길이지만 나뭇가지가 길게 늘어뜨려진 곳을 지날 때는 간간이 그늘이 만들어져서 쉬엄쉬엄 올라갈 수 있었고 중간에 약수로 목을 축일 수도 있어서 걷는 시간은 많았지만 지겹지는 않았다. 적멸보궁은 온갖 번뇌와 망상에서 벗어난 보배로운 궁전으로 석가모니가 적멸의 낙을 누리며 안식하는 곳이라고 한다. 적멸보궁에 도착하여 아래를 내려보니 석가모니의 기상이 곳곳에 스며든 거 같고 평화로워 보였다. 부처님의 진신사리를 모신 법당은 불상을 봉안하지 않고 불단만 있다. 사람들은 불단 위에 부처님의 형상이 있는 것으로 간주하고 합장하면서 연신 절을 한다. 집사람도 당연히 공손하게 절을 했고 나도 엉겁결에 절하면서 평안한 세상에서 건강하게 살아가는 것에 대해 감사를 드렸다. 적멸보궁 뒤에는 드넓은 평야가 있는데 부처님이 마음껏 뜻을 펼치고 말씀을 전할 수 있는 공간이자 휴게공간이 아닐까 싶다. 거기에는 토굴도 있고 사리를 모셔둔 부도도 있고 석분도 있어서 언제든지 부처님과 함께한다는 생각을 하면 될 거 같다. 부처님 사리를 알현하고 내려가는 길은 발걸음도 가벼웠고, 마음도 가벼웠다. 내려가는 길이니 당연히 발걸음이 가볍지 않겠냐고 생각하겠지만 번뇌를 벗고 망상에서 벗어나다 보니 가벼운 게 아닌가 하고 나는 생각했다.

거주하는 집으로 올라와서 하룻밤을 지내고 이번에는 대(大) 염주가 보관되어 있는 강원도 원주 관음사로 네 번째 기행을 시작하였다. 관음사는 1971년 석호 스님이 기도 중 관세음보살의 계시를 받고 창건한 최근 사찰이다. 관음사라는 이름을 가진 사찰이 전국에 엄청 많다는 것을 네비게이션에 잘못된 주소가 입력되는 바람에 엉뚱한 곳에 도착하고서야 알았다. 원주 관음사는 당연히 하나만 있을 거로 생각하고 주소를 확인하지 않고 관음사만 입력하고 안내대로 운전하여 도착하였지만, 그 사찰은 대 염주를 보관하고 있을 거라고는 도저히 믿을 수 없는 작은 암자 수준이었다. 의아하게 생각되어 인터넷으로 다시 확인해 보니 주소가 완전히 엉뚱하게 입력되었다는 사실을 알고 제대로 된 주소를 다시 입력하고서야 대 염주가 보관되어 있는 관음사에 도착할 수 있었다. 인생의 목표가 명확해야 한다는 것을 다시 한번 깨달은 계기가 되었다. 관음사는 도심과 그리 멀리 떨어져 있지 않은 곳에 있었고 대웅전을 뒤로하고 좌측으로는 가파른 개천이 흐르고 앞쪽과 좌우에는 농경지가 펼쳐져 있었다. 관음사에는 재일교포가 통일을 기원하며 아프리카에서 자생하는 수령 2,000년짜리 '부빙가' 원목을 사들여 1년

동안 만든 108 대 염주가 있는데 가장 큰 염주는 지름이 74센티미터에 무게가 240킬로그램에 달한다고 하니 우리가 상상했던 것보다 훨씬 더 크고 나머지 염주도 지름이 45센티미터이고 무게가 45킬로그램으로 손목에 차고 다니는 염주하고는 비교가 안 되는 크기와 무게이다. 총 3 세트를 만들었고 한 세트는 일본에 있고 두 세트는 관음사에 있는데 통일이 되면 하나는 북한지역에 있는 사찰로 이동한다고 한다. 대웅전 옆에 염주를 보관하는 건축물이 있어서 문을 열고 들어가 보니 눈앞에 거대한 염주가 가지런히 누워있어서 놀라기도 했지만 두려움도 몰려왔다. 두려웠던 이유는 사소한 잘못이나 부정을 저지르면 이렇게 많고 무거운 염주가 가슴을 짓누르면서 지은 죄에 대해 압박하며 뉘우치게 할 수도 있겠다는 생각이 들었기 때문이었다. 본능으로부터 출발하는 죄(罪)와 욕망으로부터 저지르는 죄는 분명 구분이 되어야 하겠지만 크고 작음의 차이일 뿐이지 부처님이 바라볼 때는 매한가지라고 할 수 있다. 관음사는 태고종이지만 다 같은 부처님의 말씀을 따르는 것이므로 종파와 상관없이 대웅전에 모셔진 불상을 향해 두 손 모아 합장하면서 구배하고 건강한 삶에 대해 감사를 드리고 관음사를 나섰다.

원주 시내로 이동하면서 허기를 느끼는 찰나에 가까운 곳에 막국수 식당이 보여서 들어갔는데 가족끼리 운영하는 식당이어서 그런지 깔끔하고 온기를 느꼈다. 별 기대를 하지 않고 물막국수와 비빔막국수를 시켰는데 지금까지 먹어본 막국수 중 단연 최고의 맛이었다. 통상 막국수는 면이 거칠고 양념이 배지 않아 씹을 때 꺼칠하거나 싱겁다는 느낌을

받는데 이 집 막국수는 면이 부드러울 뿐만 아니라 양념이 잘 배어 간이 딱 맞고 국물도 얼큰하고 매콤하여 정말 맛있게 먹었다. 다음에 원주를 방문하게 되면 반드시 들리겠노라 다짐하고 식당 문을 나섰는데 아뿔사 명함을 챙기지 않아서 그 집을 다시 찾아갈 수 있을지 모르겠다.

다섯 번째 기행지로는 거주지 집으로 가는 도중에 있는 경기도 용인의 법륜사를 선택하였다. 법륜사는 서울 삼각산 승가사 주지로 있던 비구니 상륜 스님이 관세음보살을 현몽하고 2005년 문수산 자락에 창건하였다고 한다. 역사가 짧아 군데군데에 문화보다는 문명의 발자국이 눈에 띄는 것이 다소 아쉽지만 시원하게 펼쳐진 건축물은 문명을 충분히 잠재울 정도로 아름답고 섬세하였다. 지대가 높지 않고 법륜사와 인접한 동네 저수지에는 연(蓮)이 많아 연꽃이 필 때면 온 동네가 연꽃향으로 가득 차서 마치 부처님 세상에 온 것 같은 착각을 할 정도라고 하는데 원래부터 이 지역의 지형이 연꽃이 아름답게 핀 곳에서 선인들이 고요히 명상에 잠겨있는 형국이라고 하여 법륜사를 '연화 반지 선인 단좌형'이라고 한다. 대웅전은 보기 드문 아자형(亞字形)으로 건축되었고 높이와 넓이가 타 사찰과 비교가 안 될 정도로 크고 화려하며 불단에는 석굴암 부처님의 세 배에 달하는 크기의 석가모니 불상이 중앙에 봉안되어 있고 좌우로 보현보살과 문수보살이 자리 잡고 있다. 대웅전에 들어서면 정면에 부처님상을 알현하는데 크기와 화려함에 저절로 고개가 숙여지고 무릎을 꿇게 되며 누가 시키지 않아도 108배를 하면서 부처님의 가르침을 되새기는 시간이 될 거 같다. 나와 집사람도 예외없이 부처님상에 압도되어 더 많은 정성과 마음을 다하여 감사를 드렸고 가족의 건강과 안녕을 빌었다. 옛날 옛적에 우리 선인들이 사찰의 단청을 정교하게 하여 누구에게나 감탄을 자아내게 하였듯이 지금의 예술가들도 옛 선인 못지않게 기술을 전수 하여 각고의 노력을 다한 결과 뛰어난 작품을 탄생시키고 있는데 법륜사가 가히 천하제일의 기술이 발휘된 사찰이라고 해도 과한 표현이 아닐 정도로 겉과 속이 동시에 화려하고 마디마디마다 섬세하고 치밀하게 마무리된 건축물이라고 할 수 있다. 역사가 짧아 당장은 문화재 가치 면에서 떨어질 수도 있지만 후세에는 가장 훌륭하고 아름다운 사찰로 각인될 수 있는 조건이나 여건이 충분하고도 남음이 있는 사찰이라고 감히 말할 수 있다.

수도권과 가까운 곳에 이렇게 화려하고 웅장한 사찰이 존재한다는 것을 집사람 덕분에 처음 알았고 번뇌와 망상이 머리와 가슴을 지배하려고 하면 즉각 달려와서 부처님을 알현하고 마음을 비우는 시간을 갖고 싶은 곳이 되었다.

집사람과 결혼하고 이렇게 많은 사찰을 한꺼번에 기행 한 적이 없었다. 어떤 해외여행보다도 의미 있었고 실속 있었던 기행이었고 특히 집사람이 좋아하고 만족하여 나도 덩달아 기분이 좋았다. 이번에 받은 기(氣)를 바탕으로 더 행복하고 더 건강하고 더 많이 베풀면서 살아갈 것을 부처님 앞에 감히 약속드리면서 사찰 기행을 마무리한다.

언젠가 봄

누구에게나 봄은 오거늘
그 봄이 반짝이든 어둑하든 물갈래 치든
어김없이 따스한 가슴으로 다소곳이 내려앉아
하염없이 밝은 미소를 비추며 앞장서서 걸어가고 있다.

행여나 혹시나
구름 걷힐 나날들이 다가오려나.
기막힌 울음으로 끄나풀을 잡아 보지만
놓칠세라 움켜쥔 햇살이 부르르 떨고 있다.

사뭇 용기를 내어
깨어나라 목청껏 외치지만
힘주어 매달린 흔적이 지워지지 않아
가지런한 발바닥만 흙물에 뒹굴고 있네.

어느새 놓쳐버린 봄
저만치 가고 있는 가냘픈 봄
기대고 싶은 영혼마저 팽개치고
다시금 굴레 속으로 파묻혀 가고 있지만

다시 오리라는 꿈을 꾸며
면박 없는 배꼽인사를 하고
사방으로 흩어진 나날들을 주워 모아
구름 속에 묻힌 햇살 속의 봄을 찾아본다.

그러면
내게 다시금 환한 미소의 미리내가 비추어지겠지.
또 다른 나에게도 하얀 실타래가 티 없이 내려앉겠지.
이러한 바램으로 하루의 일상을 씹어 가며
어둠 속을 헤쳐가고 있다.

夫婦의 길

불교에서 백 년을 수양해야 같은 배를 탈 수 있고 천 년을 수양해야 같은 침대를 쓸 수 있다는 말이 있듯이 이 세상에서 부부라는 관계는 참으로 미묘하고 오묘하다. 인연과 운명이 닿아야만 만날 수 있는 것이 부부의 세계이다.

부부는 둘이 만나 하나가 되기도 하지만 헤어지면 철저하게 남이 되는 관계이다. 사랑한다고 누구나 부부가 되는 것은 아니고 같은 방향으로 달려간다고 해서 부부라고 말할 수 있는 것이 아니며 오랫동안 알고 지내며 친분이 많다고 해서 갖다 붙일 수 있는 관계가 아니다. 부부는 단순히 육체적인 관계를 맺기 때문만이 아니고 정신적 교감은 물론 겉과 속궁합이 맞아야 하고 집안 대소가 인정해야 되고 이웃이 인증해야만 붙일 수 있는 관계이다. 거기에다가 과거에는 이성 간에만 붙일 수 있었고(지금은 동성 간에도 붙일 수 있는 국가가 많다) 만인이 보는 곳에서 공식적으로 혼례를 치러야 하고 법적으로 빼박할 수 없도록 신고까지 해야만 비로소 부부라는 타이틀을 얻을 수 있다.

가정 이외에는 단연코 부부라는 합성어를 쓸 수 없다. 직장에서는 상사와 부하 관계를 상하관계라 부르고 학연으로 만나는 관계에서는 선후배 관계라 부르고 혈연이나 지연으로 만나는 관계는 형님과 아우의 관계라고 부른다. 또 부부관계로 형성된 가족은 가계도에 따라 각각 부르는 호칭이 있지만 부부라는 호칭은 없다. 이렇듯 부부는 오로지 결혼한 신랑 신부로부터 파생되는 고유명사일 뿐이다.

그런데 이렇게나 소중한 부부라는 단어가 하루가 멀다하고 언짢은 내용으로 언론에 오르내리고 세간의 입방아에 오르내리니 참 희한한 일이다. 세기적 결혼으로 세상 모든 사람들의 부러움을 샀던 부부가 또 세기적 이혼으로 충격을 안기는가 하면 도무지 이해하지 못할 엽기적인 행동으로 부부관계가 파멸되는 사건이 발생하기도 하고 금전적인 문제나 애정 문제로 얽히고 설키면서 법정 공방을 주고받는 부부도 존재한다.

맨 처음 사랑이 싹틀 때는 자나 깨나 상대방을 생각하고 잠도 설치며 업무도 팽개치고 오로지 사랑을 바탕으로 결혼하기 위해 애쓰며 부부가 되기 위해 부단히 노력한다. 이때는 당연히 간과 쓸개도 내줄 수 있고 하늘의 별도 달도 따줄 수 있는 허풍을 마구마구 내뱉지만, 그런 허언을 믿지 않는 상대방은 없다. 정말로 자신이 원하면 그렇게 해줄 것으로 굳게 믿어야 하는 것이 사랑이고 부부가 되는 과정이라 생각하였다.

그런데 이렇게 간절히 노력하여 얻은 부부의 타이틀을 왜 헌신짝 버리듯이 쉽게 버리고 때로는 웬수가 되어 으르렁거리고 때로는 상대를 무참히 짓밟아버리는 일이 발생하는 것일까?

흔한 이유로 성격 차이일 수도 있고 가치관의 차이일 수도 있으며 금전적인 문제와 일부일처제에 순응하지 않으려는 남녀가 본능의 발로로 쾌락을 즐기려는 다부다처제의 욕망 때문일 수도 있다. 그러다 보면 이러나저러나 부부의 인연이 끊어지고 운명이 다해 지는 것이다.

나는 결혼하여 부부라는 타이틀로 살아온 지 삼십여 년이라는 세월이 흘렀다. 그동안 자질구레한 일들이 숱하게 있었지만, 지금까지 인연이 끊어지지 않았고 앞으로도 끊어지지 않을 것이다. 물론 내가 먼저 끊지 않더라도 버림을 당할 수도 있겠지만 그런 일이 발생하지 않도록 각별히 주의해야 하는데 배짱도 없으면서 배짱 있는 것처럼 허세를 부릴 때도 있다. 상대방의 헛웃음 속에 숨겨둔 발톱이 있는지도 모르고 철딱서니 없게 사자의 심리를 건드릴 때가 있다는 것이다. 내가 생각해도 참 딱한 남편이다.

누구나 결혼을 하면 연애할 때 보이지 않던 불편함이나 단점이 많이 보이고 그것으로 꼬투리를 잡고 주도권 싸움을 하려고 한다. 나이가 들어 지나온 일들을 돌이켜보면 어이가 없어 쓴웃음만 나오지만, 그 당시에는 아주 심각하게 생각한다. 예를 들면 치약을 짜는 사소한 버릇부터 정리 정돈하는 습관이나 선호하는 음식의 차이, 아이들에 대한 교육관이나 육아 방식, 하다못해 좋아하는 텔레비전 프로그램을 먼저 선점하겠다는 것까지 별의별 거를 가지고 다투는 일이 많다. 물로 이런 사소한 문제로 당장 이혼을 하거나 별거하는 경우까지는 안 가더라도 서로 간에 불만이 쌓이고 다툼이 잦으면 정이 떨어지고 대화가 단절되어 관심이 없어지면서 자연스럽게 이별의 절차를 밟을 수도 있다는 것이다. 조그만 구멍으로 물이 스며들면서 둑이 무너지고 여객선이 침몰하는 것과 같은 이치이다. 그러므로 현명한 부부는 상호 간의 불만을 즉시 해소하기도 하고 상대의 습관을 인정하거나 고치려고 노력하기도 하며 부부 공동의 관심사를 끄집어내어 취미 활동이나 여가 시간을 함께 보내려고 노력하지만, 솔직히 이런 노력을 하는 부부가 그리 많지는 않다. 대부분이 체념을 하거나 불만을 꾹꾹 누르면서 참고 사는 경우라고 할 수 있다.

부부의 주도권은 젊을 때는 남자가 갖는 경우가 조금 더 많지만 나이가 들수록 여자에게로 넘어가는 경우가 대부분이다. 물론 죽을 때까지 남자가 주도권을 행사하면서 경제적으로 큰소리를 치거나 잔소리를 통해 자신의 존재감을 과시하려는 독불장군 같은 경우도 있기는 하지만 정상적으로 볼 수 없고 왠지 독특한 사정이 있거나 특이한 이유가 있어 보인다. 독특한 사정이나 이유는 여자가 인지장애가 있거나 개인적으로 파산을 하여 경제적 권한을 행사할 수 없거나 혹은 남편에게 얽매여 사는 것이 편하다고 생각해서 스스로 주도권을 포기하는 경우이다. 개인적인 생각으로는 가정이 편하고 보다 행복해지려면 아내가 최소한 경제적인 주도권을 갖고 살림을 꾸려나가면서 남편을 보좌하고 아이들을 가정 지도하는 것이다. 이 말은 남편은 뼈 빠지게 죽을 때까지 일만

하고 아내는 집에서 살림이나 하라는 뜻이 아니고 공동으로 경제적 활동을 하더라도 아내에게 좀 더 많은 권한을 주고 배려를 하라는 것이다. MZ 세대는 경제적으로 각각 운영을 하면서 관리 비용이나 외식비용 등 공동으로 부담해야 할 비용만 합산하여 지출하고 시댁과 친정 부모님의 용돈이나 경조사 비용은 동일하게 책정하여 집행하는데 이것 또한 합리적이라고 볼 수 있지만 사뭇 이기적인 사고로부터 출발한 것이 아닌가 싶어 씁쓸한 생각이 들기도 한다.

나는 경제적으로는 전권을 아내에게 주었지만, 가정이 항상 편안하고 마냥 행복한 것은 아니다. 당연히 가치관이 달라 부딪치고 사소한 불만이 생겨 부딪치고 무심코 내뱉는 언어 때문에 부딪치면서 살아가고 있다. 그런데 참 특이한 것은 돌아서면 금방 후회할 거를 알면서도 그 순간을 참지 못하고 하고 싶은 말을 하거나 행동을 한다는 것이다. 말을 하거나 행동할 때 세 번 생각하라는 선현들의 가르침을 머릿속에 간직하면서도 실천으로 이어지지 않는 것은 단순한 자존심 때문이거나 가부장적인 사고 때문이라는 것을 실토하면서도 어리석게도 갈등의 동굴로 들어간다. 참으로 미련스럽기 짝이 없는 행동이다. 내 또래 연령대 대부분은 이런 이유로 아내와 부딪치고 부대끼며 살아가지만 그래도 행복한 부부가 되려면 어떻게 해야 하는지를 알고 있기에 양보하고 배려하면서 살아간다. 나와 같은 세대의 사고가 옳은지 신세대의 사고가 옳은지가 중요한 게 아니고 어떤 사고를 바탕으로 가정이 운영될 때 더 많이 행복하고 더 많이 안정되는지를 따져볼 필요가 있다. 어떤 경우든 가정이 화목하고 웃음이 끊임없이 바깥으로 새나가는 것이 가정의 최고 덕목이기 때문이다.

부부는 남남이 만나 가장 작은 구성원으로 출발하는 사회적 조직이지만 거대한 사회를 만들고 국가를 만드는 데 핵심적인 역할을 한다. 핵가족이 대가족이 되고 대가족이 부족 집단으로 발전되며 부족 집단이 모여서 사회와 국가가 되는 것이므로 부부는 본인들의 의도와 상관없이 지구인의 형성에 지대한 영향을 끼치므로 다소 불협화음이 있더라도 대의를 위해 조금씩 양보하고 배려하면서 살아가야 할 나름의 책임과 의무가 있다. 다행인 것은 세대가 바뀌어 이혼이라는 행위가 난무하고 흠이 아니라고 해도 행복한 가정을 유지하면서 알콩달콩 살아가는 가정이 훨씬 더 많다는 사실은 한 국가와 사회를 위하여 다행스러운 일이라 할 수 있다. 따라서 부부가 남이 되는 경우는 사별이나 사고로 인한 실종 같은 극단적인 경우를 제외하고는 꿋꿋하게 한 생을 함께 하는 것이 진정한 부부의 길이라 생각한다.

철쭉동산

어느 날엔 초록빛으로 적셔지고
어느 날엔 붉은빛으로 물들어지고
또 어느 날엔 갈색빛으로 퇴색되면서
뭇 인간들에게 인생살이를 견주게 하는 철길 옆 동산

자연의 이치야 오래전에 이미 깨달았지만
이토록 눈앞에 펼쳐지는 시시각각의 변화무쌍은
고정된 인간세계를 화들짝 주눅 들게 한다.

아침에는 찬 이슬 머금은 채 고개 숙여 인사하고
저녁나절에는 모아둔 햇살로 빳빳하게 일어나
오고 가는 시민들에게 한 움큼씩 눈웃음 뿌리며
내일 다시 힘내어 당당한 발자국의 자신감을 들려주라고 한다.

우레와 같은 폭포 울음이 들리고
사계절 아랑곳없이 고요함의 노랫소리 들리며
초막골과 한남정맥 길목으로 이어지는 야트막한 언덕이
시민들의 휴식과 안식을 보듬어주는 철쭉동산이다.

요리 못하는 애처로움

요즘 텔레비전을 보노라면 요리 관련 프로그램이 넘쳐난다.

방송사끼리 경쟁적으로 주방장을 초청하여 요리 수준을 뽐내게 하거나 이름있는 연예인이나 스포츠 스타를 출연시켜 요리하는 과정을 적나라하게 방송하면서 맛 평점이 높으면 시청자들에게 대리 만족을 하게 하고 평점이 낮으면 카타르시스를 느끼게 하여 무의식의 감정을 정화해 주면서 시청률을 높이기 위해 안간힘을 쓰고 있다. 그만큼 요리 관련 방송이 인기가 많거나 관심이 많다는 것이다. 유명한 셰프들이야 당연히 요리 솜씨가 뛰어나서 제한된 시간 안에 자신있는 요리를 선보인다면 누구나 맛을 보고 엄지척하겠지만 연예인이나 스포츠 선수들은 요리에서는 아마추어이기 때문에 개인적인 능력에 따라 엄지를 올리거나 내리는데 사실 텔레비전에 나와서 요리하는 자체가 이미 어느 정도의 요리 솜씨가 검증되었다고 볼 수 있으므로 평가의 의미는 맛에 대한 엄격한 심사의 결과라기 보다는 개인적인 호불호의 결과가 아닐까 싶다.

요리에는 다양한 수식어가 붙어 다닌다.

많은 사람은 요리는 예술이고 기술이고 과학이라고 칭한다. 물론 요리는 한정된 식재료를 사용하여 관습적으로 내려오는 전통적이고 반복적인 방법을 통해 입으로 전달되는 물질을 만드는 단순한 과정이라고 말하는 사람들도 있다. 아주 먼 옛날에는 이 말이 맞을 수도 있지만 지금은 음식이 에너지를 발생시키는 기능에만 국한되는 것이 아니므로 다양한 방법을 통해 다양한 맛을 창출하는 것이 혀를 만족시키고 뇌를 즐겁게 하여 엔도르핀을 생성시키고 삶의 활력을 유지해 주는 아주 중요한 요소로 자리매김하고 있으므로 예술이고 과학이고 기술이라 할 수 있다.

인간의 삶 중에서 즐거움을 주는 요소로는 일을 통해 성취감을 느끼고 보람을 갖는 것이 으뜸이고 이성 간에 사랑을 하거나(동성애 포함) 동성 간에 우정을 나누는 시간도 큰 기쁨이며 맛있는 음식을 맛보는 시간과 수면을 취하거나 휴식을 갖는 것도 즐거움을 주는 큰 요소들이다. 모두 다 행복하기 위해 노력하는 산물이지만 그중에서 맛있는 음식을 먹으며 소소한 대화를 곁들이는 즐거움이 차지하는 비중이 결단코 적지 않을 것이다. 음식을 섭취하더라도 돼지처럼 배만 부르면 만사가 평온하다는 것은 아니고 음식의 질이나 섭취하는 방법에 따라 만족도가 다르고 즐거움을 느끼는 강도가 다르다는 것을 뭇사람들은 잘 알고 있다.

또한 음식을 섭취하는 상대가 누구냐에 따라 즐거움이 많고 적음이 있는데 가령 소통이 거북하거나 궁합이 맞지 않는 상사와의 식사는 오히려 괴로움이 쌓이는 것이고 갑을의 위치에서 을의 처지라면 역시 즐거움은 줄어들 것이며 껄끄러운 친구나 낯선 사람들과의 식사 역시나 즐거움이 반감될 것이다. 반대로 자신을 아끼고 챙겨주는 상사와의 식사는 밥값을 내더라도 아깝지 않고 즐거움이 배가 될 것이고 친한 친구나 사랑하는 연인 혹은 든든한 가족과 함께하는 식사도 즐거움이 넘쳐날 것이다. 물론 자신이 상사가 될 수도 있고 갑을의 위치에서 갑이 될 수도 있으며 껄끄러웠던 친구가 평생토록 우정을 나누는 찐한 친구가 될 수도 있으므로 다소 마음이 편하지 않다고 하더라도 식사는 항상 즐겁게 하는 것이 중요하다. 맛있게 식사하면 복이 저절로 굴러온다는 말도 있고 먹다 죽은 귀신은 때깔도 좋다는 말이 있지 않은가?

나는 솔직히 요리하는 과정을 즐기지도 않고 할 줄도 모른다.

누군들 뜨거운 불 옆에서 땀흘리며 육체적인 노동을 즐기겠냐만 나는 특히 손재주가 없고 예술적 감각이 부족하고 가부장적인 사고(당장 버려야 할 낡은 문화유산이지만)가 남아있어 부엌에 들어가는 것 자체를 거부하는 편이다. 그나마 쫓겨나지 않고 가장의 지위를 유지하는 것은 설거지를 나름대로 깨끗이 하고 정리 정돈을 잘하기 때문이다. 물론 이것도 최근에야 하는 일이지만 부엌에 대한 고정관념이나 개념이 바뀐 것은 틀림없는 사실이다.

아이들에게 나름대로 베풀며 키웠다고 생각하지만, 요리를 통해 기쁨이나 즐거움을 준 기억은 없다. 하다못해 라면을 끓여준 적도 없다.

내가 라면을 먹지 않고 건강에 좋지 않다는 나름의 선입견이 있어서이기도 하지만 끓이는 과정을 번거롭게 생각하고 아이들 입맛을 맞출 자신이 없다 보니 끓여주지 않았던 것이다. 지금도 라면은 불가피(술안주가 라면만 있다거나 먹지 않으면 굶어 죽게 생겼을 때)한 경우를 제외하고 일절 먹지 않아서 라면을 끓이는 기술이 발달하거나 간편한 조리방법을 알지 못한다. 그만큼 요리에 관심이 없고 흥미도 없으며 일정한 거리를 둔다는 것이다.

다행인 것은 아내의 요리 솜씨가 특출하여 내 입맛에 딱 맞고 아이들 입맛을 맞추어 줌으로써 가정에서 먹는 문제가 발생하여 다투는 일이나 불평이 일어나지는 않는다. 오히려 너무 맛있게 먹어줘서 요리하는 아내가 흐뭇해 하기도 하지만 얄밉게 느껴질 때도 있을 것이다. 왜냐하면 끊임없이 공급해 줘야 하니까 얼마나 귀찮고 번거로웠겠는가? 솔직히 너무 잘 먹으니 꼴 보기 싫었을 때가 분명히 있었을 것이라는 걸 나는 알고 있다. ㅎㅎ

이렇게 맨날 얻어먹는다면 아무런 문제가 발생하지 않지만, 고향에 지어 놓은 전원주택을 갈 때는 문제가 달라진다. 당연히 아내와 함께 가면 문제가 발생하지 않지만 혼자 가는 경우가 더 많으므로 먹거리가 여간 골칫거리가 아니다. 밥은 밥통이 알아서 하니까 문제가 안 되지만 함께 먹어야 하는 국과 반찬을 만들지 못 하니 맨밥을 먹을 수도 없고 고기를 구워 생마늘을 된장에 찍어 먹는 게 고작이다. 고기는 훌륭한 반찬이 아니냐고 할 수 있지만 다른 반찬 없이 고기만 먹는다면 결코 훌륭한 반찬이 아니고 건강에는 독이 될 수 있는 지방 덩어리 식품일 뿐이다. 어느날은 하도 답답해서 김치찌개를 해보겠다고 마음먹고 묵은 김치와 고기를 썰어서 끓여본 적이 있는데 양념이 부족해서인지 너무 맛이 없어서 먹는 것을 포기하고 버린 적이 있다. 그 후로는 요리하는 것을 시도한 적이 없고 그저 애처롭게 자신을 바라보기만 한다. 반찬을 가지고 갈 수도 있고 현지에서 사 먹을 수도 있지만 거리가 멀어 이동할 때 변화되는 온도의 영향으로 본래의 맛이 퇴색하기도 하고 현지 반찬이 내 입맛을 사로잡아줄 리가 없으므로 한계가 있다. 뭐가 그리 까탈스럽냐고 따진다면 할말이 없지만 나는 먹는 것에 대해 결단코 까탈스럽지 않고 대충해도 기본적인 맛만 있으면 맛있게 먹는 편이다 보니 오히려 반찬을 더 소중히 생각하는 경향이 있다. 그래서 고향을 나들이 할 때면 쓸쓸히 식당가서 혼밥하는 경우가 대부분인데 우연찮게 동네 사람을 만나면 술잔이 빠르게 비워진다.

이러나저러나 요리를 못 하는 것이 자랑거리도 아니고 조상들의 케케묵은 선비정신의 체통을 지켜주는 문화유산도 아니기에 하루빨리 요리학원에 등록해서 대표메뉴 몇 가지만이라도 능숙하게 요리하는 실력을 갖추는 것이 이 시대를 살아가는 지혜라는 것을 알고 실천해 보려고 하지만 아직은 때가 아니라고 판단하는지 선뜻 나서지 못하고 있다. 그래도 자식들과 나중에 태어날 손자 손녀에게 맛있는 요리를 직접 해주겠다는 목표는 가지고 있다.

코스모스

산에 피어도 꽃이고
들에 피어도 꽃이고
길가에 피어도 꽃이고
모두 다 꽃이야

아무 데나 피어도
생긴 대로 피어도
이름 없이 피어도
모두 다 꽃이야

봄에 피어도 꽃이고
여름에 피어도 꽃이고
몰래 피어도 꽃이고 모두 다 꽃이야

위 노랫말은 전남도립국악단 예술감독을 하신 류형선 님이 작사한 '모두가 꽃이야'이다. 가사가 천진난만하고 듣고 있노라면 눈물이 날 만큼 가슴에 와닿고 내용이 천번 만번 옳은 이야기이다. 교실에서 아이들에게 유튜브를 통해 가끔 들려주는데 왜 들려주는지 의도를 아는 친구들은 진지하게 경청하고 의도를 전혀 알지 못하는 친구들은 재미도 없는 노래를 왜 들려주지? 라고 의아해한다. 너희들은 모두가 꽃이야! 아무리 외쳐도 오글거리지 않고 아름답다.

나는 꽃 중에서 코스모스를 유독 좋아한다.

특별한 이유가 있다기보다는 허우대가 크고 바람결에 하늘하늘 거리는 모습이 마냥 좋아서 좋아한다. 아침에 이슬을 머금고 영롱한 빛을 발하는 가녀린 잎 위에서 빨강 분홍 하양 색깔로 선명한 자태를 뽐내는 밝은 꽃을 보면 생기가 돌고 점심에는 따가운 햇살을 받으며 꼿꼿하게 하늘을 향해 손짓하는 꽃잎을 보면 대견함이 묻어나고 해 질 녘 넓은 들판에 옹기종기 모여 재잘거리는 꽃송이를 바라보면 찬란함 그 자체로 나를 행복하게 한다.

코스모스는 척박한 땅 위에서도 꿋꿋하게 자라고 땅의 넓이가 넓고 작음에 상관없이 듬반 있으면 뿌리를 내리고 이른 여름부터 늦은 가을까지 장시간을 웃음으로써 곳곳에서 바라보는 만물들에게 흐뭇한 미소를 안겨다 준다.

특히 이른 아침에 가로수처럼 코스모스가 길 양옆으로 길게 늘어서 있는 도로를 승용차로 달리면 마음이 붕 떠서 하늘길을 달리는 듯 황홀감에 젖어 들게 하고 청명한 가을 하늘 아래 피어나는 코스모스는 파란 하늘과 조화를 이루어 동심의 세계로 이끌어 중고교 학창 시절로 되돌아가게 하여 갓 피어난 사랑의 설렘을 수줍게도 만들고 불타게도 만든다.

그뿐만 아니라 선명한 색깔과 하늘거리는 이파리, 그리고 억척같이 살아가는 불굴의 의지 같은 이미지는 때로는 서민들의 애환을 달래주기도 하고 때로는 양반들의 분노를 삭여주기도 하며 때로는 실연자의 아픔을 어루만져주기도 한다. 또한 새색시들의 수줍음을 머금기도 하고 청장년들이 열정을 뿜어내게도 하며 인생의 마무리가 아름답게 장식될 수 있도록 영감을 주기도 한다.

활짝 핀 코스모스가 두 팔 벌려 맞이해 주는 상상을 하면서 시골 전원주택 울타리 주변에 씨앗을 뿌렸지만, 제때 물관리를 못 하고 발자국 소리를 들려주지 못하다 보니 세상에 태어나 보지도 못하고 사그라진 씨앗이 부지기수이다. 척박한 땅이 아니라 양호한 땅에 씨앗을 뿌리고 수시로 물을 주며 관리하여 여러 개의 싹이 돋아나면 그때야 이식해야 한다는 기초 지식도 모르고 무작정 좋아만 했으니 코스모스에게 부끄럽고 민망하고 한없이 미안할 뿐이다.

방학이 되면 그때 태어나지 못한 코스모스까지 참작하여 다량의 씨앗을 고운 땅에다 정성껏 뿌리고 수시로 물관리를 하여 아름다운 세상에 태어나게 한 후 울창한 울타리 틈새에서 빽빽하게 자랄 수 있도록 옮겨 심을 계획을 코스모스에게 알리고 약속을 꼭 지킬 것이다.

아침에 보면 풋풋하고
점심에 보면 싱그럽고
저녁에 보면 애처로운 꽃

길모퉁이에 피면 반갑고
담벼락에 피면 든든하고
가을하늘 아래 피면 한없이 예쁜 꽃

술 취해 바라보면 함께 흐느적거리고
상심하여 쳐다보면 같이 울어주고
기쁨에 겨워 안아주면 붉은 얼굴이 더 붉어지는 꽃

코스모스는 이런 꽃이다.

땀방울의 눈물

가느다란 순간들의 역겨움은 재생의 빛을 잃고
삶에의 발버둥은 과거에 묻히나니
무릅쓴 용감성은 형평에 치우쳐
못내 이룰 야망에 도전한다.

당장이라도 때려치우겠다는 노동은
한줌의 인생을 엮어가는 분수령
머얼건 흰죽이라도 채울 수 있는 것은
호사스런 행복
질기게 끓인 죽은 소화와 멀어져서
공중변소의 긴 행렬로 이어진다.

하루의 수확을 가슴에 안고
쓰러질 듯 꺼져가는 두 눈의 황망함에
인지된 습관으로 골목길 찾노라면
어둠을 깨트리는 개새끼들의 추태는
오늘을 묻히게 하는 안타까운 신호이다.

새까만 장갑으로 콧등을 닦노라면
묻어나는 땀과 한과 기름투성이들
억척같이 살겠노라고
부끄럽지 않게 살겠노라고 하는
손짓 없는 외침은
굳게 닫힌 철제문 앞을 지나노라면
힘없이 주저앉고 만다.

그래도
내일 다시 일어나리라.

대화의 質

사람이 만물의 영장이 된 배경에는 언어의 존재가 한몫했다고 할 수 있다.

동물도 나름대로 소통하는 언어가 있지만 깊은 대화의 수준은 아니고 단순히 신호를 보내는 수준일 뿐이고 그것도 종(種)이 다르면 신호조차 주고받을 수 없을 정도로 언어 존재 자체가 미미하다.

언어는 사람이 은밀하게 의미를 전달하는 수단으로 활용하고 공개적으로 구애할 때도 사용하며 지시하고 명령하는 과정에서도 필수적으로 사용한다. 또 역사적 대화를 한 치의 오점 없이 남길 수 있는 기록도 언어의 존재로 가능하며 입으로 전달하지 않고 손이나 표정으로 전달하는 것도 언어라 할 수 있다. 이토록 언어는 사람이 살아가는 일상에서 반드시 필요한 도구이자 기능이며 더 나은 삶을 살아가기 위해 연구하고 개발하는데 동원되는 기술의 일종이기도 하고 천 냥 빚도 갚을 수 있는 보물 같은 존재이다.

그러나 언어는 상대에게 깊은 상처를 줄 수 있는 무기가 될 수 있고 예리한 송곳처럼 상대의 폐부를 찌를 수도 있고 무쇠처럼 강한 권력을 하루아침에 무너뜨릴 수도 있으며 사람을 살해하는 원인이 될 수도 있는 무서운 존재이다. 또한 미사여구에 따라 울고 웃는 사건 사고가 발생할 수도 있고 상대의 의도를 곡해하여 엉뚱한 결과를 초래함으로써 국가나 사회 그리고 단란하던 집안에 평지풍파를 일으킬 수도 있는 것이 대화의 도구가 되는 언어이다.

언어는 분명 인간의 세계에서 역사를 보존하고 문명을 발달시키며 미래를 개척하는 필수 불가결한 고마운 존재임은 틀림없지만 사용하는 방법이나 시기에 따라 무기가 되고 보배가 되고 통한의 도구가 되는 것이다. 동물들은 다양한 언어가 없기에 오해와 곡해로 인한 경쟁도 없고 분쟁도 없으며 상처 주고 상처받는 아픔도 없고 은밀하게 거래되는 사기행각도 없다.

대화에는 언어를 구사하는 고도의 기술이 동반되어야 한다. 상대를 경멸하는 단어를 사용하거나 무시하는 듯한 말투를 사용하거나 이해하지 못하는 단어를 사용한다면 분명 다툼의 여지가 발생하고 감정적 갈등으로 연결되어 돌이킬 수 없는 관계가 형성되기도 한다.

역사적으로 볼 때 언어를 훌륭하게 사용하여 일촉즉발의 위기에서 전쟁을 예방하거나 중단시킨 사례는 동서양을 불문하고 상당히 많다. 기원전 천2백여 년 전에 히타이트 왕 하투실리 3세와 이집트 왕 람세스 2세는 담판으로 카데시 협정을 맺었는데 이는 전쟁 확대를 막은 세계 최초의 평화조약이라 할 수 있다. 이때 맺어진 담판의 원칙은 지금도 통용될 수 있는 훌륭한 문구이다.

● 서로의 요구에 매달리지 말고 욕구를 보라.

● 상대가 양보할 수 있는 조건에서 이득을 꾀하라.

● 제3의 대안으로 윈-윈 타결의 실마리를 만들라.

우리나라의 경우에는 고려시대에 거란과의 분쟁에서 서희 장군의 담판으로 거란군을 물리치고 오히려 국토를 넓힌 경우가 있었고 1960년대 초반 쿠바에 설치된 소련군 미사일로 미국과 소련의 핵전쟁 위기에서도 상대를 자극하지 않고 양보하는 대화방식으로 3차 세계대전을 막을 수 있었다. 물론 모든 상황이 대화로 해결되지는 않았다. 가까운 예로 미국의 트럼프 대통령과 북한의 김정은 위원장의 핵 협상의 담판은 실패로 끝났고 러시아와 우크라이나는 몇 번의 접촉이 있었지만, 여전히 전쟁이 진행 중이다. 이는 대화의 기술이 부족했다기보다는 양보하지 않으려는 욕심이 과했기 때문이 아닐지 짐작된다.

국가와 국가의 대화도 중요하지만, 가정에서 혹은 모임이나 회의할 때도 대화는 무척 중요하고 다툼의 여지가 발생할 수 있는 요소가 된다. 먼저 가정에서 부부 혹은 형제나 자매 간의 갈등은 대부분이 대화할 때 사용하는 언어의 선택에 따라 발생하고 또 언어의 표현에 따라 해결되기도 한다. 아이러니한 것은 갈등의 원인이 언어의 선택 때문인

걸 알면서도 쉽사리 정제하지 못하고 감정적으로 격한 언어를 내뱉는다는 것이다. 특히 부부 대화에서 무관심한 언어로 대응하거나 경멸하는 듯한 언어를 사용한다면 다툼은 말할 것도 없고 반복되면 마음의 상처가 깊어져서 결별 수순으로 갈 수 있는 원인이 되고 형제나 자매간에도 상호 존중하지 않고 무시하는 듯한 언어를 사용하면 우애와 사랑은 금이 가고 급기야는 남보다 못한 철천지원수가 될 수도 있다. 솔직히 나도 아내와 대화할 때 자신도 모르게 불쑥불쑥 튀어나오는 무뚝뚝한 말투로 인하여 다툼이 발생하고 한동안 삐져서 말을 안 하는 경우가 있는데 똑같은 일이 발생하는 건 부주의한 태도이거나 몹쓸 습관성 행동 때문이기에 당장 고쳐야 하겠지만 죽어야 고쳐질 수 있다는 것을 잘 알고 있다. 그래도 노력은 하고 있는데 아내는 여전히 싸늘하게 바라보고 있다.

친분이 있는 모임에서도 잘못된 언어는 우정을 훼손시키고 인권을 유린함으로써 강제로 퇴출당할 수도 있고 모임을 와해시킬 수도 있다. 내가 속한 모임에서도 툭하면 욕설하고 상대를 자극하는 언어를 상습적으로 사용하는 친구가 있었는데 결국 강퇴당하여 더 이상 관계를 지속할 수 없는 경우가 되었다. 그 친구는 반성했고 사과를 했지만, 그때뿐이었고 반복되다 보니 결국 강퇴를 받아들였고 지금은 친구 대부분과 소원해졌다.

조직에서 회의는 상당히 중요하다. 단순한 시스템의 일환이 아니고 의사 결정을 하기 위한 중대한 과정이므로 구사하는 언어가 자신의 위치를 바꿀 수도 있고 회사의 운명을 가를 수도 있으므로 신중하게 표현해야 한다. 사용하는 언어의 질에서 개인의 역량을 가늠할 수 있고 무한한 신뢰를 할 수도 있지만 반대로 불신할 수 있는 잣대가 될 수도 있다는 사실을 알고 상황에 따라 적절한 언어를 사용하면서 대화의 맥을 짚고 자기 의사를 피력해야 한다.

이처럼 대화의 도구로 사용되는 언어는 기본적으로 두뇌에 축적된 단어를 끄집어내는 것도 중요하지만 상황에 따라 적용할 단어를 생각하고 입 밖으로 나왔을 때 상대가 어떤 반응을 보일까를 생각하면서 내뱉는 것이 중요하다. 삼사일언(三思一言) 즉 세 번 생각하고 한번 말하라는 건데 말의 중요성을 새삼 일깨워주는 성어이다.

도서관 이야기

도서관에는
문화와 문명이 있고
고요한 침묵과 숨 막히는 숨소리가 있다.

온갖 장서들이 가지런히 세워져 있고
마음껏 누릴 수 있는 안락함이 있으며
다양성을 추구하는 시간과 공간의 기능도 있다.

때로는
눈살 찌푸리는 언사가 있고
띠리링 드르륵거리는 휴대폰 울음도 있지만
이내 정숙함을 되찾는다.

누군가는 자격 공부에 몰두하고
누군가는 인성 공부에 몰두하고
누군가는 창작 공부에 몰두한다.

아직 꿈을 간직하게 하고
그 꿈을 좇을 수 있게 내버려두고
그 꿈이 실현될 수 있도록 사색을 펼치게 한다.

이렇듯
숱하게 많은 이들이
각자의 꿈을 펼치기 위해
아낌없이 찾고 끊임없이 애용하는 숲속의 중앙 도서관

말없이 반갑게 그들을 맞이하는 도서관이
한없이 이쁘고 사랑스러울 뿐이다.

겨울 낭만

내 또래 누구나 어릴 적 겨울 기억은 엄청 추웠고 눈이 많이 왔다는 것일 거다.

특히 나처럼 시골에서 어린 시절을 보낸 또래들은 더더욱 공감하지 않을까 싶다.

털옷에 털장갑과 털신이 없었고 먹을 것이 부족하여 늘 배를 곯아서 그렇게 느끼는 건지 아니면 지구온난화 같은 이상 얄궂은 기후변화가 없어서 실제로 그랬는지는 명확하게 알지 못하지만, 추위에 사시나무 떨듯이 많이 움츠린 건 사실이다. 아침에 따뜻한 물로 우물가에서 머리를 감고 세수를 한 후 안방 문고리를 잡으면 손이 문고리에 쩍쩍 달라붙기도 하고 머리에는 고드름이 생겨 수건으로 떼어내야 할 정도의 혹한이 오는데 이런 추위를 몇 번을 겪어야만 긴긴 겨울은 털털거리며 지나간다.

아궁이에 불을 때는 시절이라 저녁에는 방안이 훈훈하여 편하게 잠자리에 들지만 새벽이 되면 구들장이 식어서 새우처럼 웅크린 상태에서 아랫목으로 발목을 서로 뻗으려는 온기 쟁탈전이 벌어지곤 하였다. 그러다가 어느새 다시 방안이 훈훈해지는 걸 느끼는데 그때는 이미 어머니는 안방 부엌에서 밥을 지으시고 아버지는 사랑방 아궁이에서 소죽을 쑤고 계시기 때문이다. 아버지는 소죽을 쑤시면서 늘 라디오를 들으시는데 잠결에 듣는 라디오 뉴스나 노래가 그렇게 정겨울 수가 없었다. 그래서인지 지금도 눈을 뜨면 라디오부터 켜는 게 일상화되었다. 잠이 덜 깬 상태에서 라디오를 켜면 은은하고 활기찬 목소리가 새벽 가슴을 따뜻하게 맞아준다. 아버지도 이런 맛으로 라디오를 즐겨 들으신 게 아닌가 싶다. 그러시면서 온기 쟁탈전을 벌이고 있는 자식들의 발목을 따뜻하게 데워 주시며 흐뭇해하셨을 것이고 배불리 먹을 소를 생각하시며 또 한 번 흐뭇해하셨을 것이다. 불현듯 부모님이 그립다.

그렇게 뒤척이다가 일어나면 밤사이 내린 눈으로 앞산 풍경은 그야말로 그림 같은 절경으로 변해 있기가 다반사였고 나뭇가지마다 쌓인 눈은 크리스마스트리를 연상케 하여 어린 마음을 붕붕 들뜨게 하는 마약 같은 볼거리로 온 세상이 황홀경 그 자체였다. 지금은 쌓인 눈을 보면 눈살을 찌푸리며 저걸 언제 다 치우나 하는 생각이 들어 짜증이 나지만 그때는 마냥 신나서 눈 치우는 일이 그렇게 재미있을 수가 없었다. 오죽하면 내 집 앞마당 눈을 다 쓸고 옆집 마당 눈까지 치웠겠는가. 이것으로 신바람을 잠재울 수가 없어서 집 앞 차도까지 깔끔하게 눈 치우는 작업을 하였다. 물론 이 일은 나 혼자만의 신바람 나는 전유물이 아니고 동네 또래들 모두의 공동 전유물이었다. 아마도 이때는 도심에 사는 또래들도 마찬가지였을 것이다. 지금처럼 집 앞 눈 치우기를 의무화 하지 않아도 어른이나 아이 할 것 없이 모두 합심하여 눈부터 치우고 하루 일을 시작하였을 것이다. 춥고 배고프고 배움이 덜했을 때는 앞다퉈가며 남을 위해 희생하고 봉사하고 도와주는데 문명이 발달하고 의식주가 풍요로우면 베푸는 정이 더 늘어나야 하는데 희한하게도 반대로 달리고 있으니, 인생이 참 오묘하다.

이렇게 신바람의 힘을 빌려 눈을 치우고 나면 온몸이 땀으로 범벅이 되어 입은 옷은 젖어 있고 빵모자를 벗으면 머리에서는 하얀 김이 몽글몽글 솟아오른다. 고된 일을 참 쉽고 재미있게 해치운 것이다. 아침을 먹고 나면 지붕 위에 쌓인 눈이 슬며시 녹으면서 고드름이 되어서 또 다른 재미를 준다. 그걸 따다가 학교에 가져가서 칼싸움도 하고 물 대신 우걱우걱 씹어 먹으며 사탕 먹는 시늉도 하고 무슨 큰 보물인 양 소중히 갖고 있다가 녹아내리면 못내 아쉬워 꿈에서 깨어날 때의 허탈해진 마음이기도 하였다.

눈이 많이 내린 날에 꼭 빠지지 않는 일거리가 있다. 그것은 다름 아닌 토끼사냥이었다. 내 기억으로는 단 한 마리도 보거나 잡은 적이 없지만 눈만 오면 줄기차게 토끼사냥에 나섰다. 그 당시에도 혹시나 하는 마음에 열심히 다닌 게 아닌가 싶다. 토끼사냥을 나가기 전에 반드시 서로 간에 약속하는 일종의 의식이 있었다. 지금 생각하면 웃음만 나오지만, 그때는 꽤 진지하게 약속하였다. 그것은 우리 중 누군가가 토끼를 잡거나 올무에 걸려 있는 토끼를 발견하면 공평하게 아주 공평하게 토끼고기를 나눈다는 것이다. 일단 참석한 친구들은 한 몸이 된 것이므로 누구의 노력이든 공평하게 분배하자는 것이다. 일종의 공동생산 공동 분배이다. 어릴 때 서로가 불이익을 당하고 싶지 않은 은연중 심리적 물질적 담보를 확보한 것이다. 왜 그랬을까?

아마도 하루 종일 밖으로 쏘다니다가 집으로 돌아갔을 때 어머니가 어디서 뭐 하다가 이제 왔냐고 다그치시면 당당하게 토끼 잡아 왔다고 큰소리로 대답하고 싶었을 것이고 또 하나는 손기술이 없고 잔재주가 없어서 토끼를 잡을 가능성이 거의 없는 친구 중 누군가가 다급하여 긴급 제안하였고 의외로 공감하는 친구들이 많아서 쉽게 결정되어 하나의 룰로 정착된 게 아닐까 싶다. 물론 나는 지금도 손재주도 없고 잔재주도 없는 사람 중 한 명인데 아쉬운 것은 토끼를 한 마리도 못 잡아봐서 한 번도 룰을 실천해 보지 못했다는 것이다. 그때 토끼를 잡았으면 룰대로 공평하게 분배했을까? 솔직한 생각으로는 그렇게 하지 않았을 것이다. 공동으로 토끼를 몰아서 잡았다면 다 같이 토끼탕을 끓여 먹었을 것이고 올무에 걸린 토끼를 누군가 혼자 발견했다면 몰래 올무를 해체 후 토끼를 들고 집으로 잽싸게 달아났을 것이다. ㅎㅎ

한겨울 중심에는 설날이 있었고 설날이 지나면 12간지에 따라 각각의 풍습이 있었다. 풍습 중 일부가 기억나는데 그중 토끼날과 뱀

날이다. 토끼날에는 남자가 대문을 열어야 하고 이웃집 첫 방문자는 남자여야 한다는 것이다. 옛날 사람들은 토끼를 방정맞은 동물이라 여겨서 그날은 방정맞은 날이므로 아침부터 상대적으로 가볍고 연약한 여자를 꺼리고 듬직한 남자를 앞장세워야만 한 해가 탈 없이 지나간다는 속설로 괜한 여자들을 애꿎게 만들었다. 어이없는 이야기이고 참 얄궂은 이야기다. 그래서 토끼날 아침이면 웃지 못하는 해프닝이 벌어진다. 누나는 여자이기 때문에 일찍 일어나더라도 대문을 열거나 이웃집을 가면 안 되니까 눈은 떴다 하더라도 다른 의식이 행해질 때까지 방안에서 대기해야 하고 형제 중 누군가는 새벽에 가장 먼저 대문을 활짝 열어야 하는 의무가 있어서 서로 눈치만 보는 경우가 많았다. 그 추운 한겨울 새벽에 누가 대문을 열겠노라고 솔선수범하겠는가. 어릴 때는 대부분 새벽잠이 많고 몇 분이라도 눈을 붙이고 싶은 마음이라서 일찍 일어나는 것에 대해서는 모두가 몸서리치게 되어 있다. 이럴 땐 막내가 가장 만만하므로 막내에게 형제들의 암묵적인 압박이 가해질 수밖에 없다. 누나는 막내가 안쓰러워 도와주고 싶지만, 추상같은 풍습에 어찌할 수가 없어서 안타깝게 바라만 볼 뿐이라서 결국은 막내가 역할을 대부분 수행할 수밖에 없다. 그런데 의외로 새벽에 대문을 활짝 열면 담 안쪽의 공기와 바깥쪽의 공기가 어울려져 생생한 산소를 공급받는 것처럼 머리가 맑아지고 마치 엄청 중요한 미션을 수행한 것처럼 뿌듯한 성취감과 보람을 느낀다. 진작부터 새벽은 우리에게 이런 것을 베풀고 있었는데 미련한 인간이 인지하지 못하고 게으름을 피우다 보니 풍습의 연결고리로 묶어둔 게 아닌가 싶다. 이렇게 새벽 의식이 끝나면 어머니와 누나는 비로소 부엌으로 나가시며 좀 더 자라고 이불 끝자락으로 여린 몸뚱이를 덮어 주신다. 그때의 포근함이란 보리밭 위로 하얗게 쌓인 눈보다 몇 배는 따스하다.

그러고는 과연 토끼날 아침에 누가 가장 먼저 방문 할지 하는 게 초미의 관심사다. 재미있는 사실은 어른들은 이미 토끼날에 누가 어느 집을 방문하고 누가 대문을 열고 하는 시나리오를 생각해 두었다는 것이다. 그러므로 여자가 이웃집을 먼저 방문하는 일은 절대로 일어나지 않았고 정초부터 재수가 있느니 없느니 하는 낯부끄러운 일도 일어나지 않았다. 나는 아무것도 모른 채 어머니 심부름으로 이웃집을 갔던 기억이 있고 이웃집에서 반갑게 맞이해 준 기억도 있다.

또 하나의 기억은 뱀 날이다. 뱀은 사업 혹은 생존을 위한 특별한 관계 말고는 대부분이 기피하고 무서워한다. 생각만 해도 징그럽고 꿈에 나타날까 봐 걱정될 정도로 싫어한다. 그런 뱀이 우리가 살고 있는 집 주변을 어슬렁어슬렁 기어다닌다면 기절초풍할 일이다. 그래서 뱀 날에는 뱀 치기를 하는데 이 의식은 굳이 어른들이 시키지 않아도 자발적으로 행한다. 아침 일찍 나무막대에다가 뱀을 닮은 짚으로 엮은 새끼를 묶은 후 집 안 구석구석과 담벼락 밑 그리고 집 뒤안길과 창고 등을 샅샅이 다니면서 형은 앞장서서 막대기를 휘휘 저으며 뱀 잡자 뱀 잡자를 외치고 나는 뒤따르며 쉬이 쉬이를 우렁차게 외쳤다. 이 의식만큼 정성과 믿음을 가지고 행한 것은 없었다. 아마도 다른 집도 마찬가지였을 것이다. 심지어 지붕에도 뱀이 살 수가 있다고 생각되어 얕은 지붕은 올라가고 높은 지붕은 밑에서 막대기로 휘젓는 행위까지 하였다. 이렇게 해서 그런지는 모르겠지만 시골에 사는 동안 집주변에서는 뱀을 단 한 마리도 본 적이 없다. 어린 마음에 이런 의식을 통해 뱀이 사라졌다는 미신이 뇌에 박혀 있어서 해마다 뱀 치기 의식만큼은 칼같이 기억하고 행동하였다.

겨울의 시골 놀이는 단순하였다. 얼음지치기 아니면 자치기 놀이였다.

물론 정월 대보름이 되면 불놀이도 하고 연날리기도 하지만 반짝하는 놀이 말고는 나무판자 밑에 굵은 철사를 부착하여 만든 일명 나무 썰매(어릴 적에는 시겐토라 불렀다)로 집 앞 논바닥에 꽁꽁 언 얼음 위를 쌩쌩 달리는 게 고작이었다. 나무 썰매도 여러 종류가 있었다. 평범한 가정집 아이들은 굵은 철사를 부착한 썰매를 탔고 좀 세련된 집안의 아이들은 나무판자 밑에 쇠로 만든 칼처럼 생긴 것을 부착한 썰매를 탔고 멋을 내고 싶어 하는 동네 형들은 외발 썰매를 만들어 큰 지팡이를 짚듯이 얼음 위를 짚으며 성큼성큼 질주하며 놀았다.

자치기는 세련되고 보수적인 현대 스포츠인 골프와 흡사하였다. 도구는 20센티미터 정도의 길이에 양 끝을 비스듬히 자른 막대기와 50센티미터 정도의 좀 굵은 막대기만 있으면 된다. 정확한 기억은 아니지만 어렴풋이 생각하면 두 편으로 나누어 번갈아 가며 공격하는데 일정한 원을 그린 후 작은 막대기를 던져서 원안으로 들어가면 공격권이 없고 선에 걸치면 두 번, 완전히 원 밖이면 세 번 정도의 공격을 할 수 있는데 작은 막대기 양 끝부분 중 유리한 부분을 큰 막대기로 내리쳐서 작은 막대기가 공중으로 튀어 올랐을 때 큰 막대기를 휘둘러서 멀리 보내는 게임이다. 멀리 보낸 후 공격자는 거리를 눈짐작으로 추정하여 방어자에게 제시하고 방어자는 역시 눈짐작으로 인정하면 점수가 되는 것이고 인정하지 못하겠다고 하면 큰 막대기로 거리를 잰 후 공격자가 제시한 거리보다 많으면 점수로 인정하고 짧으면 인정하지 않고 공수교대로 이어진다. 직접 해보지 않은 사람은 상상을 해도 도무지 이해가 안 될 수가 있지만 나처럼 직접 놀이를 해본 사람은 지금의 골프보다 재미가 더 있으면 있었지 못하지는 않았다. 점수가 팽팽하여 좀처럼 승부가 가려지지 않을 때가 있는데 이때는 먼저 포기를 하거나 해가 져서 어두우면 저절로 그날의 경기는 끝이 난다. 물론 앙금이 남아 있거나 끝까지 승부를 봐야겠다고 생각하면 뒷날까지도 전날의 같은 편으로 나누어 끝까지 승부를 펼칠 때도 있지만 대부분 해가 지면 그날의 경기는 종료되고 뒷날에는 다르게 편을 나누어 게임하곤 했다. 얼음지치기야 지형에 맞게 놀이문화가 발달 되었다고 볼 수 있지만 자치기는 기발한 놀이문화로 창작하지 않으면 탄생할 수 없는 놀이문화이기에 최초로 개발한 사람이 누구인지 존경스럽고, 감사하지 않을 수 없다. 그런 분을 위해서는 지금까지 자치기 놀이가 성행되어야 하는데 시골 어디를 가더라도 볼 수도 없거니와 아예 사라져 버린 것 같아서 안타까울 뿐이다. 하긴 아이들이 있어도 놀이를 유지하든가 말든가 할 텐데 아예 없으니 언감생심 안타까워할 수도 없다.

또 재미있는 이야기는 어릴 때지만 밤에 모여서 놀 때에는 꼭 화투 놀이를 하였다. 편을 나눠서 화투를 치는데 돈이나 물건을 따먹는 내기가 아니고 무나 김치를 서리하는 놀이였다. 지금은 거의 사라지고 없지만 그 당시에는 민화투를 쳤다. 껍데기는 아무짝에도 쓸모없고 광(光)자가 있는 5개는 점수가 많으며 청단, 홍단, 초단을 하면 점수가 더 붙고 비와 풍, 초는 그림이 같은 네 가지를 다 확보하면 점수가 추가로 붙는 그야말로 운수가 있어야 하는 놀이였다. 고스톱이나 포커처럼 치밀한 전략 전술은 필요 없지만 잔머리 정도의 전략은 있어야 이길 수 있는 게임이다. 물론 나름대로 세밀한 전략 전술을 펼치기는 하지만 게임에 적용되어 판세가 뒤집히거나 점수 차가 크게 벌어지는 일은 거의 일어나지 않는다. 100점을 먼저 내는 팀이 이기는데 사람이 많으면 두 팀으로 나누어서 동시에 화투 놀이를 하고 어정쩡하면 대표선수 두 명씩 네 명이 게임한다. 돈이 오고 가는 게임은 아니지만 초조하고 스릴 있는 것은 큰돈 내기보다 오히려 더 많다. 이긴 팀은 소죽을 끓여서 뜨끈뜨끈한 사랑방에서 여유 있게 기다리지만 진 팀은 북풍이 몰아치는 겨울밤에 무나 김치를 찾아 나서야 한다. 그때는 무를 수확하면 얼지 않도록 웅덩이를 파서 무를 넣고 덮은 후 수시로 무를 꺼내 먹을 수 있도록 입구를 만들어 짚단이나 헌옷 조각으로 입구를 막아놓는데 누구나 쉽게 입구를 열 수 있게끔 되어 있다. 그러나 무를 보관한 장소는 주인만 알 수 있기에 진 팀은 그것을 찾으려면 꽤 많은 시간과 노력이 있어야 한다. 겨울 한밤중에 플래시 하나로 이리저리 수색하는 일이 결코 만만하지 않다. 춥고 으스스하고, 서리하다가 걸리면 동네 창피이고 부모님에게까지 책임이 전가될 수도 있으니 두렵기까지 하다. 그래서 진 팀 중에는 본인 집의 무 보관 장소를 안내하는 예도 있고 친척 집의 무를 서리하는 예도 있다. 어찌 됐든 간에 무를 확보해서 내기했던 장소로 가져가야 하므로 수단과 방법을 가리지 않고 무를 찾아 나서야만 한다. 무를 가져오면 큰 칼로 껍질을 벗기고 길게 썰어서 이긴 팀이나 진 팀이나 빙 둘러앉아 어기적어기적 깨물어 먹는데 그야말로 꿀맛이다. 겨울밤에 먹는 무는 소화 기능도 되고 위장을 튼튼하게도 하여 아침에 일어나면 속이 든든하여 밤새 쌓인 피로를 느끼지 못할 정도로 심신이 거뜬하다.

김치 서리도 마찬가지다. 다만 김칫독은 집주변에 묻어두므로 쉽게 찾을 수는 있지만 주인에게 들킬 가능성이 있으므로 그야말로 도둑고양이처럼 살금살금 다가가서 김칫독 뚜껑을 열고 가지고 간 바가지나 그릇에다가 손에 잡히는 대로 김치를 담아 갖고 와서 미리 준비한 맨밥을 숟갈에 푸고 김치를 길게 쭉쭉 찢어서 밥 위에 얹어서 먹으면 그 맛이야말로 진수성찬을 먹는 맛보다 몇 배는 더 맛있다. 그러나 맛있다고 많이 먹으면 아침에 속이 쓰릴 것을 각오해야 하는데 알면서도 자꾸 손이 가는 것은 순간의 즐거움을 놓칠 수 없는 욕심 많은 인간의 본능이 아닌가 싶다.

이렇게 밤낮으로 즐기다 보면 어느새 긴긴 겨울은 지나간다.

그렇게 모질고 지칠 줄 모르는 혹한에서도 꿈은 간직하였고 우정도 쌓아서 어른이 된 지금도 꿈을 찾아다니며 우정은 한 층 더 깊어져 있다.

보고 싶다 그때 그 또래들!

추상(秋想)

황폐한 들녘의 싸리문을 닫아
꺼져가는 잿빛 하늘의 서러움을 담고서
숨겨진 한 줌의 나날들을 일으켜 세우며
추억의 긴 장맛비를 맞이하는 쓴 想은
이렇듯 아픔으로 성숙되어 집니다.

먼
고향의 풀잎 향내는
오솔길 지나가는 무리들의 쓴웃음
안쓰러운 창가의 눈빛은
마주 보는 자화상의 상처 된 부위

행여나
기다려지는 秋想의 그리움은
맺어 지는 짤막한 사연들을 담은
읽지 못할 한 자의 글이옵니다.

가련한 잎새들의 빛바랜 터전은
오를 듯 오를 듯 튀어 오르는 감정의 솟구침에
떨어진 자신들의 뒷모습을 보면서
마냥 서글피 우옵니다.

철 지난 땅거미의 염세성에서
정성껏 채워지는 우리들의 가슴은
저미는 한 올의 사랑입니다.

제천 여행

충청북도 최북단에 위치한 작지만 강한 도시 제천!

성인들이야 일부를 빼고 대부분 아는 지명이지만 청소년 이하 연령대는 생소한 지명일 수도 있다. 위치가 수도권도 아니고 그렇다고 지명도가 높은 지방의 도시도 아니고 비행기로 갈 수 있는 거리에 있는 도시가 아니어서 일부 성인들이나 청소년들에게는 접할 수 있는 기회나 방문한 경험이 없기 때문이다.

충북 제천은 내가 자란 경북 영주와 비슷한 시기에 도시가 발달 되고 인구수도 거의 유사하게 유지되면서 충북 북부의 거점도시와 경북 북부의 거점도시라는 유사점이 있고 거리도 가까워 서로 친근한 도시로 명맥을 이어오고 있다.

한때는 철도 중심 도시로 경쟁하고 사과나 약초 감자 옥수수 등 농산물을 재배하면서 상호 교환을 통해 인적교류도 활발하게 이루어져 자연스럽게 문화적 공감대를 형성하면서 지역정서에 맞게 발전된 도시라고 할 수 있다. 최근에는 고속철도가 개통되고 동서고속도로가 이어지면서 산업이 발전되고 청풍호를 중심으로 관광객이 늘어나면서 인구가 유입되어 소멸하는 도시가 아니라 활기가 넘쳐나는 소생하는 도시로 거듭 태어나고 있다.

이 도시를 지인들과 단체로 1박2일 관광을 다녀왔다.

당일 관광이야 부담 없이 다녀올 수 있지만 하룻밤을 지새우는 것은 솔직히 번거롭기도 하고 불편할 수도 있어서 쉽게 결정하기 어려운데 오래전 고등학교 선후배로 구성된 부부 모임이다 보니 어색하거나 민망함보다는 반가움과 친근함이 더 작용하여 큰 걸림돌 없이 결정하여 다녀오게 된 것이다.

기차나 비행기를 이용하여 방문하는 도시는 처음 접하는 것이 청결이거나 친절한 응대 등이지만 승용차를 이용할 때는 음식과 가장 먼저 접하게 된다. 일부러 식사 시간에 맞춰 도착하는 경우도 있지만 그 지역의 먹거리를 우선적으로 검색하다 보면 자연스럽게 식당으로 향하게 된다. 입으로 먹는 즐거움이 눈으로 보고 가슴으로 느끼고 온몸으로 체험하는 즐거움보다 더 크다고 생각하는 경향이 있으므로~~

그래서 우리는 제천에서 꽤나 이름난 식당으로 모였는데 메뉴는 곤드레정식이었다. 그날은 장대 같은 장맛비가 주룩주룩 쏟아져서 누군가는 낭만과 운치 있는 여정을 생각하였지만, 또 누군가는 어설프고 불편하다고 생각하였을 것이다. 어떤 상황이든 받아들이는 마음에 따라 세상을 바라보는 시각이 달라지는 것이다. 식당은 남제천나들목에서 가깝고 맛으로 소문이 나서 그런지 많은 관광객으로 붐볐지만, 사전에 예약한 덕분에 편안하게 자리를 잡았다. 분위기는 청결하고 예스러우면서 우아한 색깔의 식탁과 의자가 우리를 맞아 주었다. 잠시 후 돌솥으로 지은 곤드레밥이 은은한 향과 함께 맛깔스럽게 나오고 이어진 반찬이 깔끔한 그릇에 담겨 나오는 데 우선 눈으로 먹는 맛이 남달랐다. 적당히 숙성된 장아찌도 있었고 잘 구워진 더덕도 있었으며 호박전과 표고버섯 무침, 가지무침과 궁채 무침, 불고기와 된장찌개 등 반찬들의 맛이 전부 일품이었다. 물론 개개인의 호불호에 따라 맛의 차이가 있을 수도 있지만 보편적인 잣대를 기준으로 봤을 때 충분히 후한 점수를 받을 수 있다는 것이다. 특히 마나님들이 만족하고 인정 함으로써 제천을 대표하는 음식점으로 각인되었다. 비(雨) 오는 날엔 비를 피하는 것보다 술(酒) 피하기가 어렵다는 말이 있는데 그날은 비가 왔지만, 대부분이 운전하다 보니 아쉽게도 분위기에 맞는 음주를 하지 못해서 다소 섭섭할 수도 있었는데 안전이 우선이라는 것을 알기에 가볍게 극복할 수 있었다.

점심 식사를 마치고 제천의 대표적인 마루지라고 할 수 있는 청풍호로 이동하였다. 청풍호는 1985년에 건설된 충주댐과 함께 조성된 인공호수로 내륙의 바다로 불리기도 하는데 충주호라고 명명되었지만 제천 사람들은 청풍면에 있어서 청풍호로 부르고 그 명성은 이미 전국에 다 다랐다. 청풍호 주변에 아름드리 벚나무들이 즐비하지만, 여행 일정이 여름이라서 벚꽃을 보지 못한 것이 다소 아쉬움으로 남았어도 상상만으로 경치를 충분히 만끽할 수 있어서 벚꽃에 대한 미련은 떨쳐버릴 수 있었다.

청풍호를 둘러싸고 있는 비봉산에서 바라보는 청풍호 경관이 다도해를 하늘에서 바라보는 것과 비교될 정도로 아름답다고 하여 청풍호반 케이블카를 타고 정상으로 향했다. 하늘에서 퍼붓는 빗방울이 굵어 행여나 아름다운 경관을 보지 못 하면 어쩌나 하는 걱정대로 안개가 짙게 깔려있어서 아름다운 경관은 기어이 놓치고 말았다. 그래도 우리들은 불평 없이 해맑은 표정으로 하산하는 케이블카를 타고 틈틈이 보이는 비봉산자락의 깊은 계곡과 곳곳에 박혀있는 바위를 보면서 무슨 전설이 숨어있는 것이 아닐까 혹은 제천시장은 왜 하필 오늘 비를 오게 했을까 등 어이없는 담소를 하며 내려왔다.

청풍호 주변을 관람하는 코스를 패키지 상품으로 구매하다 보니 자연스럽게 다음 일정은 환상미술관을 방문하게 되었다. 트릭아트 체험이라고 해서 재난 상황이나 쥬라기공원 등을 그림으로 리얼하게 그려놓은 곳에서 부부끼리 배경에 맞는 포즈를 때로는 과감한 동작으로 때로는 민망한 동작으로 연출하여 사진을 촬영하고 찍은 사진을 보면서 실감 나게 찍었다고 칭찬하기도 하고 분위기에 어울리지 않는다고 타박하기도 하면서 즐거운 시간을 가졌다. 같은 공간에 옛날 옛적 모습으로 꾸며놓은 교실이 있어서 잠시 모여 앉아 눈치 게임을 했는데 원래부터 눈치가 없는 건지, 워낙 많은 건지 아니면 세월의 흐름으로 눈치가 사그라진 건지 단 한 번도 20번까지 성공하지 못하고 교실을 나왔다. 이때 재미있었던 것은 모(某) 부부가 같은 자리에 앉아 있었는데 동시에 일어나면서 같은 숫자를 세었다는 것이다. 부부 궁합이 찰떡이라고 봐야 할 것이다. 환상미술관 다음에는 시네마 360을 관람했는데 지구 정글 자연 등을 영상이 움직이면서 상영되어 그런대로 보기는 했지만, 어른들보다는 아이들 눈높이에 맞춘 거 같아서 솔직히 좀 싱거웠다. 패키지 관람이 끝나고 숙소인 청풍리조트로 이동하는데 비는 여전히 내렸고 내일은 비가 그치면 좋겠다는 지극히 작은 소망을 간직한 채 청풍호를 지긋이 바라보면서 천천히 안전하게 운전하여 숙소에 도착하였다. 숙소를 배정받고 짐을 정리 후 침대에 누워 하염없이 내리는 빗소리를 듣다 보니 잠깐 동안 꿀잠에 빠졌는데 몇 분에 불과했지만, 피로가 싹 가시는 기분이었다. 잠이 보약이라는 말이 정말 맞는 말이다.

휴식을 취한 후 저녁 만찬으로 떡갈비와 송어회가 준비되어 있는 식당에서 배정해 준 버스를 타고 식당으로 이동하였다. 초저녁 시골길을 버스 타고 달려봤는가? 듬성듬성 보이는 불빛이 그리 정겨울 수가 없고 꼬불거리면서 털털거리는 포장길은 아늑한 학창 시절 읍내로 나오는 정감 어린 신작로를 연상하게 하고 중고등학교 때 들뜬 마음으로 이리저리 이동하던 수학여행 길 관광버스가 생각나면서 그때 그 시절을 사무치게 그리워하게도 한다. 또한 창밖에서 스며드는 흙과 풀잎 등의 맑은 시골 향기는 자연의 소리로 연결되어 스산하던 마음을 잠시라도 붙들어 주면서 세상을 헤쳐 나갈 지혜를 모으게 한다.

잠시 상념에 젖어있는 동안 식당에 도착하였고 두루두루 배정된 회원들끼리 정갈하게 차려진 음식과 점심때 못 마셨던 주류를 곁들여 맛나게 먹고 마시면서 이런저런 이야기와 세상 돌아가는 이야기로 오붓한 시간을 가졌다. 만찬 동안 자칫 불쾌하거나 어색해질 수도 있을 거 같아서 금기어로 배우자 흉보기, 자식 자랑, 부동산 자랑이라고 공지가 되었는데 제대로 지켜졌는지는 알 수 없지만 표정으로 봤을 때 대체로 지켜진 거 같아서 다행이라는 생각이 들었다.

만찬 동안 지인의 초청으로 제천시장 부부가 내방하여 잠깐 함께하였는데 자리가 좀 더 빛났고 분위기가 화기애애하여 서로 좋아라 했다. 민심을 잘 살피고 시민을 잘 섬기면서 옳은 정책을 펼쳐 살기좋은 도시를 만들어 재선 삼선 하면 좋겠다는 생각을 하였고 또 그렇게 되기를 마음속으로 빌었다.

세계인이 기이하게 생각하는 2차 3차로 이어지는 우리나라 사람들의 독특한 술 문화는 여기서도 어김없이 작동되어 마땅한 장소가 없는데도 불구하고 2인용 숙소에서 옹기종기 모여 기어이 한 잔을 더 하였다. 아침이 되면 진지하게 토론했던 내용들을 대부분 잊어버리는데도 왜 그토록 한 잔 더를 외치는지 나도 한국 사람이지만 이해가 안 될 때가 자주는 아니고 가끔 있다. 어지간한 주당들이 아니고서야 버틸 재간이 없다.

마나님들이 숙소가 깔끔하고 편리하여 기분이 좋다는 이야기를 듣고 다행이라 생각하면서 한편으로는 그렇게 평가해 주어서 감사한 마음으로 편안하게 하루 일정을 마무리하고 잠자리에 들었다.

이튿날은 제천 오일장이라고 해서 다 같이 구경도 하고 쇼핑도 하자고 하여 아삭한 콩나물 해장국으로 아침을 먹고 제천 시내로 이동하였다. 도심 규모가 크지는 않았지만, 곳곳에 오래된 건물과 신식 건물이 공존하면서 중소 도시 특유의 빛바랜 간판과 세련된 간판이 나란히 걸려 있는 모습에서 정감과 함께 어쩔 수 없이 쇠락해 가는 지방 도시의 비애도 느꼈다. 그러나 아무리 나라의 절대 인구수가 줄어든다고 하더라도 지자체장의 능력에 따라 인구가 증가하고 활기찬 도시가 될 수 있다는 확신을 가지면서 부부끼리 전통시장과 오일장을 번갈아 쇼핑하고 필요한 물건도 구매하였다. 낯선 곳에서 부부가 시장을 함께 보니 돈독했던 정도 더 많이 쌓이고 시장에 활기도 심어준 의미 있는 시간이었고 특히 체면이나 눈치 볼 거 없이 맛난 음식을 맛보면서 보무도 당당하게 걸으니까 더 좋았다.

제천 여행의 마지막 여정은 삼한시대부터 농업용수를 공급했다고 알려진 제천의 또 다른 명소인 의림지를 산책하고 차담회를 갖는 것이었다. 의림지는 2006년에 뛰어나게 아름답고 이름난 경치로 인정받아 국가가 문화유산 보호법에 따라 명승으로 지정하였으며 제방 위에 조성된 소나무와 버드나무, 전나무 등으로 아름다운 경관을 자아내어 휴일이면 제천 시민들의 아늑한 휴식처가 되고 겨울에는 이 지역에서 부르는 일명 공어(빙어의 다른 말)를 얼음을 깨고 낚시로 잡아 생(生)으로 초장에 찍어 먹거나 튀겨서 먹는 맛이 일품이어서 미식가들이 낚시가방

챙겨 들고 자주 찾는 곳이기도 하다.

여름에 접어드는 이른 아침에 잔잔한 물결이 일렁이고 초록색으로 단장한 제방 위의 다양한 나무들이 어우러진 호젓한 명승지를 부부 혹은 선후배들끼리 담소하면서 산책하는 뒷모습이 정말 여유롭고 행복해 보였다. 세상에서 가장 아름다운 모습이 부부가 함께 골프 라운딩하는 것이라고 하는데 의림지를 산책하는 부부의 모습 또한 세상에서 가장 아름다워 보였다.

의림지 산책을 끝내고 언덕 위에 하얗게 자리 잡은 카페에서 자신이 좋아하는 메뉴를 고르고 아직 못다 한 이야기를 나누면서 다시 만날 날을 기약하는 시간을 가졌다. 1년에 한두 번 정도 만남을 가지는 모임인데 짧은 1박2일 동안 우애가 더 깊어졌고 애정이 더 많이 쌓였는지 귀가하자고 요청하는 사람이 없고 곳곳에서 깔깔거리는 웃음소리만 들렸다. 이때 제천에 거주하는 선배 부부가 맛있는 막국수 식당을 소개하면서 시원하게 한 그릇씩 하자고 제안하였고 안 그래도 헤어짐을 아쉬워하는 상황이었는데 모두 다 환호성을 지르며 식당으로 이동하였다. 사랑하는 사람과 뭉그적거리며 헤어지기 싫어하는 이유는 아쉬움과 미련 때문이라기보다는 그냥 함께 더 오랫동안 바라보고 싶기 때문이라는 걸 나는 알고 있다. 우리들 사랑과 우정이 옹이처럼 이렇게 깊이 박힌 것이다.

선배가 추천한 막국수 식당은 메밀 면발이 적당히 부드러웠고 국물에 양념이 잘 배합되어 당연히 맛있었으며 1박2일 제천 여행의 피날레를 장식할 만하고도 남음이 있는 최고의 선택이었다.

우리 모임은 고향에서 고등학교를 졸업하고 대학을 서울로 진학하여 여조삭비(如鳥數飛) 하며 오늘날까지 희로애락을 함께 하면서 돈독한 우정을 간직해온 선후배 조합의 독특한 모임이다. 부부가 함께하는 대가족이 이렇게 오랜 시간을 이어오는 경우가 쉽지 않은데 우리는 여기까지 왔고 앞으로도 꾸준히 이어갈 것이다. 1박2일의 짧은 여정이었지만 장기간 해외여행 못지않을 많은 추억과 발자국을 남긴 뜻깊은 여행이었다고 생각한다. 서광회 사랑합니다.

겨울 사랑

한적한 겨울은 따스함의 발로이다.
하얗게 쌓인 산등성이 눈은 토끼의 이브자리고
얼음 속 졸졸 흐르는 골짜기 샘물은 개구리 온천이다

처마 밑 가득 채워진 뒷동산 장작들은
가마솥에 고여진 맑은 물의 파수꾼이고
기다랗게 이어진 시래기 줄기는
푸시식 끓는 된장찌개의 마음이어라.

발 동동 손 쓱쓱 귀 얼얼
매섭게 치닫는 북풍이지만
언제든 오라며 자신 있게 손짓하고
가벼운 사랑으로 엷은 미소 지으며
따스한 입김으로 가볍게 녹아 버리지

뜨겁게 데워진 맑은 정종 한 잔
아삭아삭 소리 나는 무 한 조각
팥과 함께 익어가는 찜통 속 하얀 호빵
김치와 어울려야 제맛 나는 드럼통 속 군고구마

긴 밤 지새우는 용감한 먹거리들
껴안고 보듬어 꿈틀거리는 무생물이
겨울이 아니어도 이토록 그리울까?

겨울밤이 숨죽이며 깊어 간다.

장교의 品格

우리나라는 숙명으로 받아들이기에 억울한 아픔이 있다.

오로지 타국의 타인들이 자의적으로 갈라놓은 분단이 그 아픔이다. 억울하기 짝이 없고 설움이 가슴속 깊이 박혀있어 대한민국 국민이라면 쉽사리 걷어지지 않는다. 남북이 통일되어 다시 하나가 되어야만 치유될 수 있는 중병이다.

국가가 이런 상황이다 보니 국방이 관련된 예산이 압도적으로 많고 군(軍) 장비를 독자적으로 개발하는 능력이 탁월하여 수출도 하지만 수입하는 무기들이 다량이며 전체 국민 대비 군인 숫자가 일반 국가보다 훨씬 더 많다. 우리나라 남자는 징병제를 통해 의무적으로 군 복무를 해야 하는데 장교로 입대(入隊)하거나 일반 병(兵)으로 입대하는 것은 오로지 본인의 선택으로 할 수 있다. 이를테면 장교로 입대를 원한다면 장교를 양성하는 기관을 선택하여서 입학하면 되고 일반병으로 입대를 원한다면 입대통지서가 올 때까지 기다렸다가 통지서가 오면 훈련소로 입대하면 된다. 물론 장교로 입대하는 것은 치열한 경쟁을 통해 선택되어야 가능한 일이기 때문에 자신이 원한다고 무조건 되는 것은 아니다. 정신적으로 건전하고 올바른 인성을 갖추어야 하며 이념과 상관없이 투철한 애국심과 국가관을 지니고 있으면서 신체적으로 건강한 체력이 갖춰져야 하고 학업성적이 나름대로 상위그룹을 유지해야만 지원할 수 있는 자격이 주어진다. 요즘엔 학령 수가 줄어들면서 전문 사관학교는 경쟁률이 다소 떨어졌고 단기간 장교로 복무하고 전역하는 과정은 미달되는 경우도 있지만 불과 몇 년 전만 하더라도 장교의 길로 들어서기가 쉽지만은 않았다. 합격한 사람보다 불합격한 사람이 훨씬 더 많았다.

우리나라는 군인들이 나라를 지키면서 희생하고 봉사하고 외화벌이에 도움도 되고 있지만 국민들로부터 아낌없는 찬사와 성원을 받는 것은 아니다. 왜냐하면 군인이 정치에 관여하여 쿠데타를 일으키고 아군들끼리 전투를 하면서 총격에 죽거나 다치고 그리하여 군사정부를 탄생시킨 사례가 있었기 때문이다. 군인 출신 대통령이 3명이고 아직도 국회의원이나 정부 요직에 두루두루 포진해 있어 아무리 맡은바 업무를 잘 한다고 하더라도 군인에 대한 이미지가 좋을 수가 없다. 군인이라고 정치를 하지 말라는 법은 없지만 정치를 하려면 전역을 통해 군복을 벗고 정정당당하게 국민의 선택을 받는 절차를 거쳐야 하는데 총칼을 앞세워 정권을 탈취하는 것은 어느 나라 어느 국민이라도 용납할 수 없는 행위이고 민주주의를 짓밟고 역사를 후퇴시키는 것이다. 하지만 안타깝게도 경제적으로 빈곤한 나라 중에는 아직도 쿠데타가 빈번히 일어나고 국민이 희생당하는 나라들이 꽤 많다. 지금 선진국이라고 하는 나라들 대부분도 군사정부가 존재하였고 많은 희생을 겪고 선진국이 되었지만 그렇다고 쿠데타가 국가 발전을 위한 필연적인 과정이라 합리화될 수는 없다. 인간 존엄성을 무시하고 사람의 목숨을 빼앗는 행위는 어떠한 이유든 용서될 수가 없는 반인륜적 행태이기 때문이다.

우리나라도 아픈 역사가 있었고 그래서 지금 선진국 대열에 합류하여 경제적 문화적 풍요를 누리고 있지만 남북이 대치하는 상황이다 보니 늘 불안하고 위험인자를 품고 살아가고 있다. 언제 어떤 방식으로든 남북이 충돌할 수 있고 전면전으로 확대되어 사상자가 발생하고 엄청난 경제적손실을 가져와서 다시 후진국으로 되돌아갈 수도 있는 가능성이 존재하는 것이다. 그런 일이 당연히 발생하지 말아야 하지만 예방을 하기 위한 조치에 소요되는 비용이 결코 만만하지 않다. 결국 세금이 늘어나고 복지가 줄어들어 삶의 질이 떨어질 수밖에 없고 행복한 내일이 보장되지 못하는 현실이 될 수도 있는 것이다.

나는 대학을 졸업하고 일정한 훈련을 거쳐 호국의 간성이라고 하는 장교로 입대하였다. 처음부터 장교로 입대하겠다는 계획을 세운 것은 아니고 어쩌다 보니. 병으로 입대하는 것보다 장교로 군 생활을 하는 것이 리더십도 쌓고 인격을 형성하는데 여러모로 도움이 될 수 있을 거 같다는 생각이 들어 장교를 선택하였고 여러 과정을 통과하여 최종 합격하여 훈련받고 오만 촉광에 빛나는 소위 계급장을 달고 경기도 연천군 전곡읍 고문리에서 근무하였다. 기초 훈련을 받으면서 장교의 품격에 대해 귀에

못이 박히도록 교육을 받았고 실천하도록 실전연습도 하였기에 근무 중이거나 외출 외박 시에는 장교로서의 품위를 잃지 않으려고 노력하였다. 보행 중에는 주머니에 손을 넣으면 안 되고 잠자리는 호텔급 숙소를 선택해야 하며 불가피하게 사랑하지 않는 사람과 잠자리를 가진 후에는 반드시 용돈을 챙겨줘야 하고 술은 마시되 취한 행동을 하면 안 되고 음식을 씹으면서 걸으면 안 되고 장거리를 이동할 때는 고급 열차를 이용하고 단거리는 택시를 이용해야 한다는 등 다소 비현실적이고 고비용이 드는 수단을 지침으로 교육하였다. 자대배치를 받고는 수입이 적고 지출이 많은 시기이다 보니 아무리 장교의 품격이 중요하다고 하더라도 지킬 수 있는 것이 그리 많지 않았고 교육받을 때는 고개를 끄덕이며 장교로서 품위를 잃지 않겠노라 다짐했지만, 막상 근무를 하면서 박봉에 부닥친 세상이 녹록지 않다는 것을 깨닫고 품위보다는 현실을 택할 수밖에 없었다. 그래도 선대가 양반 출신인지 천민 출신인지 지주 출신인지 소작농 출신인지에 따라 후손들의 행동거지가 다르듯이 뿌리와 뼈대를 중요시하는 문화는 우주선이 일반인을 태우고 달나라를 가고 AI가 자식 노릇, 비서 노릇을 하는 신세계 시대라 하더라도 쉽사리 잊혀지거나 버릴 수가 없듯이 한번 장교는 영원한 장교이므로 전역을 하고 죽을 때까지 품격을 유지해야 한다는 우월적 사고를 가지고 있다. 장교 생활을 해보지 못한 사람들은 별 시답잖은 사고라고 손가락질할 수 있지만 장교로 군 생활을 마친 사람들은 격하게 공감하는 부분이다. 여기에서 우월적 사고란 타인을 하대하거나 부하 다루듯이 명령조로 대화하거나 지시하려는 사고가 아니고 마음속에 자긍심을 가지고 자존감을 살리면서 정정당당하고 품위있게 행동하는 것이다. 급한 일이더라도 초조해하지 말고 불안에 떨지 않으면서 자신있게 대응하고 상대를 존중하고 약자를 배려하면서 국가와 국민을 생각하는 정의로운 인격체를 형성한 존재라는 것이다. 또한 체면을 중시하되 규칙을 준수하고 가볍게 행동하지 않으며 남에게 손해를 끼치는 행위는 일절 하지 않고 의젓한 인간관계를 유지하면서 저질스럽고 비속어로 얼룩진 언어를 구사하지 않으며 노년기에도 삶의 목표를 뚜렷하게 설정하여 열정을 가지고 슬기롭게 살아가는 것이 장교 출신의 덕목이고 선진사고의 의식이라고 할 수 있다.

장교 동기들은 전역 후 사회 곳곳에서 나름의 역량을 발휘하면서 즐겁게 살아가는데 가끔씩 만나 좋아하는 운동도 하고 맛있는 식사도 하면서 훈련받은 이야기와 소대장 시절 이야기, 직장생활의 애환과 사업의 즐거움과 슬픈 이야기 등 지나온 이야기와 장차 어떤 꿈을 꾸고 어떻게 보람 있는 삶을 살아갈 것인지 건강관리를 어떻게 할 건지 등 다가올 이야기를 나누며 행복하게 지내고 있다. 물론 동기 전체가 잘 먹고 잘사는 것은 아니고 틀림없이 거친 입에 풀칠할 겨를도 없이 가난하게 살아가는 동기도 있어서 현실과 동떨어진 이야기일 수도 있겠지만 만남이 이루어지는 곳은 서로가 품격 있는 사고를 바탕으로 도덕적인 행동을 하면서 세월에 익어가고 있다.

우리는 일 년에 한두 번 규모가 있는 행사장을 빌려 큰 모임을 하는데 일사불란하게 빈틈없이 준비하고 행사 중에는 집중하여 상대 의견을 경청하는 자세를 보이면서 적당한 음주를 곁들여 흥겹고 신나게 여흥을 즐기다가 정시에 행사가 끝나면 테이블에 먹다 남은 음식이 거의 없을 정도로 깔끔하고 깨끗하다. 이것이 장교의 인격이고 품격이고 자랑이다. 이러니 행사장을 임대한 사람과 음식을 준비한 사람, 도우미 역할을 한 사람 모두가 찬사를 보내면서 내년이고 후년이고 꾸준히 인연을 맺고 싶어 한다. 또한 꽤 많은 회비가 관리되고 있지만 투명하고 정직하게 집행되다 보니 잡음이나 이의를 제기하는 경우는 없고 오히려 너무 아끼는 것이 아닌가 하는 칭찬의 질타가 이어지면서 신뢰가 쌓여 협찬금이 늘어나 불어난 금액을 걱정하는 수준이 되고 있다. 어느 모임이든 회비에 민감하고 관심을 가질 수밖에 없는데 우리 모임처럼 금액이 많고 정기적으로 집행부가 교체되는 시스템이어도 흔들림 없이 모임이 지속되는 것은 장교로서 개개인의 탁월한 자질과 인격의 결합체 때문이 아닌가 싶다. 앞에서도 언급했듯이 우리나라는 독특한 상황이다 보니 남자라면 군(軍)이라고 하는 특수한 경험을 누구나 해야 한다. 그래서 일부 몰지각한 위정자들의 자녀나 당사자가 군을 면제받기 위해 얄팍한 술수를 쓰다가 적발되면 가차 없이 여론의 뭇매를 맞고 사회로부터 사장(死藏)되거나 기어이 소급하여 복무를 마쳐야 성난 민심에서 멀어질 수 있다. 이것만큼은 다른 분야보다 확실히 공정하고 공평한 잣대를 들이밀고 있다고 생각하는데 그래도 백 프로라고 생각하는 국민은 아마도 드물 것이다. 이러다 보니 남자들은 술좌석에서 군 이야기가 빠지지 않고 서로 자신이 더 많이 고생했다는 것을 은연중에 과시

하며 이해할 수 없는 희한한 서열이 정해지곤 하는데 건강상 혹은 가정상 정당하게 군을 면제받은 친구들은 괜히 주눅이 들어 슬금슬금 자리를 이탈하는 웃고픈 경우도 있다. 개인적으로는 군 생활을 하면서 끈기와 인내를 습득하여 국가 요소요소에서 주어진 역할을 훌륭히 수행함으로써 국가 경제가 도약하고 사회가 안정되는 발판이 되었다고 생각한다. 물론 젊음이 한창일 때 연구하고 개발하는 시간을 빼앗은 것도 사실이지만, 그래도 원망하거나 후회하지 않고 당당하게 외치며 살고 있다.

'나는 대한민국 육군 학사장교 예비역 중위이다!!'

부대찌개

이혜숙은
부대찌개의 태동을 알지 못한다.

다만
깊은맛을 우려내고
쫄깃한 맛을 자아내는
명품의 우월함을 고아낼 수 있다.

부대는 함께 어울림이요
찌개는 고고한 선조들의 산물이니
고관대작과 아픈 백성이 마주 앉아 즐기는 음식이거늘

밤새 찌듦으로 목마른 위장을 적셔주고
오늘을 살아가는 허기진 공허함을 채워주며
달빛에 시린 내일의 적막함을 달래주는 고귀함이다.

이혜숙 부대찌개는

기쁨에 가득 찬 들뜬 마음과
헝클어진 가슴의 아픈 구석을
살갑게 다가와 어루만지며
희비애환(喜悲哀歡)을 치유해 주고
넉넉한 사랑으로 보듬어준다.

부석사와 소수서원

부석사와 소수서원은 세계문화유산에 등재되어 있는 우리나라의 국보이고 오랫동안 길이길이 보전해야 할 국가의 자산이다. 부석사는 무량수전이 교과서에 실리면서 오래전부터 대한민국 국민이라면 한 번쯤 방문했거나 방문할 의향이 있을 정도로 유서 깊은 사찰이고 소수서원은 지금으로 보면 최초의 자율형 사립학교이자 최초로 왕이 사액을 내렸던 학문 기관이라서 역사적 의의가 있는 곳이다. 두 유산의 위치는 승용차로 10여 분 정도의 거리라서 주말 여행지로 연계한 관광 상품이 꽤 인기가 있고 인근에는 단종을 복위시키려다 노비의 배신으로 유배되었다가 사약을 받은 금성대군의 신단이 있어서 충절의 의미가 있으며 마을에는 사과와 복숭아 자두 인삼 등이 재배되고 있어 먹거리와 볼거리가 상시 넘쳐나는 곳이다.

나는 어릴 때부터 두 유산을 자주 드나들면서 부석사의 가을 정취와 소수서원의 자연경관을 감상하고 선비의 기풍을 다지면서 성장하였다.

특히 소수서원은 순흥 안씨(安氏)의 중시조인 안향 선생의 위패를 봉안한 곳이어서 아버지를 따라 제례를 지내러 다니다 보니 더더욱 애착이 가고 자긍심이 많은 곳이다.

부석사에 대한 전설이나 뜻은 여러 곳에서 단골로 소개되어 알만한 사람은 대부분 알고 있다. 의상대사와 당나라 처녀 선묘의 사랑 이야기부터 돌이 공중을 날아다니면서 터를 잡고 있던 도적 떼를 몰아내고 그 자리에 절을 지었다는 이야기, 의상대사의 지팡이가 생명을 얻어 지금도 무럭무럭 자라고 있다는 이야기 등등 믿거나 말거나 하는 사실 같은 이야기가 재미있게 각색되어 호감과 흥미를 자아낸다. 그러다 보니 옛날부터 지역 주민들뿐만 아니라 전국 단위로 관광객과 학생들이 수시로 방문하였고 전설만큼 관심을 받는 것은 무량수전의 역사와 건축미가 빼어나 사학을 전공하거나 건축을 전공하는 교수와 대학생들도 틈나면 들러서 연구하고 조사한다는 것이다. 전설과 역사, 건축미 못지않게 사람들이 몰리는 또 다른 이유는 매표소 입구부터 무량수전까지 올라가는 길이 지루하지 않을 정도로 아름답고 운치가 있다는 것이다. 특히 가을에는 노란 은행잎이 떨어져 바닥을 뒹굴고 길 양옆으로 이어지는 과수원의 빨갛게 익은 사과가 햇살에 반짝이는 모습으로 조화를 이루면 그야말로 환상의 길이 된다. 젊은 연인들은 말할 것도 없고 중장년의 부부들도 이 순간을 간직하고 싶어서 가까이 혹은 멀리서 득달같이 달려가서 손잡고 걸어가는 곳이다.

나는 부석사를 손가락으로 셀 수 없이 많이 가봤지만, 어머니와 함께한 여정이 가장 기억에 남는다. 아마도 대학생 무렵이었을 거 같은데 어머니와 나는 버스를 몇 번 갈아타고 부석사 입구에 내려서 오순도순 이야기하며 한적하게 길을 걸었던 기억이 난다. 어머니는 정기적으로 사찰을 다닌 억척 신자는 아니었지만, 늘 부처님을 마음속에 간직하고 부처님 말씀을 되새기면서 남에게 손해를 끼치지 않고 배려하며 살아오신 분이다. 그 당시에는 택시도 있었지만, 버스가 거의 유일한 교통수단이어서 불편하거나 지루함을 느끼지 못하고 어머니를 모시고 여행을 간다는 뿌듯함으로 다녔던 거 같다. 나는 어머니의 노산으로 태어나다 보니 내가 대학생일 때에 어머니의 연세는 회갑에 가까울 정도였고 지금과 달리 그때 그 나이는 먼 길을 가볍게 다닐 수 있는 체력이 받쳐주질 못했다. 그러니 어머니와 함께한 일정은 행복하기도 했지만 한스러움도 있었다. 좀 더 젊었을 때 전국의 명소를 함께 다녔으면 좋았을 텐데 하는 지나간 아쉬움에 가슴이 사무치게 먹먹하기도 하였다. 무량수전까지 가는 길은 과수원길을 지나면 우뚝 솟은 당간지주가 있는데 여기서부터 언덕길이 꽤 가파르고 특히 계단이 높으면서 경사가 급하고 밟아야 할 계단 수가 많아서 젊은 친구들도 걷기에 녹록하지 않은 길이다. 마음 같아서는 어머니를 업고 언덕을 올라가고 싶었지만, 그럴 상황도 안되었고 어머니가 극구 사양하셔서 그렇게 가지는 못하고 한 계단 한 계단을 천천히 밟고 올라가시다가 힘에 부쳐서 결국 계단이 아닌 한참을 돌아가는 언덕길을 선택하여 무량수전에 도착하였다. 참고로 무량수전까지 가는 길은 계단도 있고 계단 옆으로 멀리 돌아가는 언덕길도 있는데 안양루의 기둥과 기둥 사이에 흐릿하게 보이는 부처님의 형상을 보려면 반드시 계단을 이용해야만 볼 수 있어서 힘들더라도 대부분은 계단을 이용한다. 물론 부처님의 형상은 누구에게나 보이는 것은 아니고 불심이 깊고 인성이 올바르며 이타적인 사람에게만 보인다는 설이 있는데 나는 확실히 보았다.ㅎㅎ 부석사는 다른 사찰과 다르게 무량수전에 모셔진 소조 여래좌상의 불단은 정면에 모셔지지 않고 서쪽에 모셔져 있으며 동쪽을 향하게 배치했다는 것이다. 여기에는 두 가지 설이 있는데 하나는 소조 여래좌상이 무량수전 지하에 있다는 석룡(石龍)의 머리 위로 앉아 있는 위치를 잡다 보니 그렇다는 이야기와 아미타불이 서방 극락세계에 있다고 하는 불경의 내용을 반영하여 불단을 서쪽에 위치하다 보니 소조 여래좌상이 자연스럽게 동쪽을 향하고 있다는 이야기가 있다. 이러나저러나 어머니는 소조 여래좌상을 향해

정성스럽게 절을 하고 무릎을 꿇고 엎드리셔서 한참 동안 기도를 하셨는데 대부분의 어머니와 같이 가족의 안녕과 건강을 부처님께 빌고 또 빌었을 것이다. 자식들의 가슴이 뭉클할 때가 이때가 아닐까 싶다. 무량수전의 배흘림기둥도 눈부시게 아름답지만, 무량수전 측면 언덕배기에 있는 삼 층 석탑에서 바라보는 노을은 국내에서 가장 아름답다고 한다. 겹겹이 쌓인 산등성이로 넘어가는 둥근 해는 넘고 또 넘어도 여운을 쉽사리 떨치지 못하는지 넘어가지 못하고 마지막 산등성이에 걸쳐 뉘엿뉘엿 언저리를 넘어가는데 이 모습이 장관이라고 한다. 나는 아직 그런 풍광을 보지 못했다. 덕이 부족해서인지 수십 번을 갔지만 시간이 안 맞거나 구름이 끼어서 아쉽게도 황홀감을 경험하지 못했다. 그때부터 덕을 쌓아 한 번은 꼭 보고야 말겠다는 다짐을 지금까지 하고 있다.

소수서원 역시 수십 번을 다녔다. 서원 이름을 최초에는 중국의 주자가 세운 백록동 서원을 본떠 백운동 서원이라 명명했으나 쇠퇴해진 학문과 도의를 다시 이어서 닦게 하라는 대제학 신광한의 기폐지학(旣廢之學) 소이수지(紹而修之)에서 소수(紹修)를 따와서 지은 이름이라고 한다. 소수서원은 순흥 안씨(安氏) 중시조인 안향 선생을 모시는 것을 필두로 유생들을 교육하고 학문을 연구하며 토의하는 학사기관으로 출발하였다.

안향 선생의 제를 올릴 때면 아버지가 어린 나를 꼭 데리고 참석하셨는데 집에서 꽤 먼 거리였지만 오고 가는 길을 당연히 걸어 다녔고 집으로 돌아오는 길은 늦은 밤이었어도 두렵거나 지치지 않았다. 아버지는 도포를 입고 갓을 쓴 근엄한 자세로 걸으셨고 나는 평상시 입고 있던 옷 그대로의 모습으로 아버지 뒤를 줄레줄레 쫓아다녔다. 제를 올릴 때면 문중 어르신들이 선비의 기질을 풍기면서 인근뿐만 아니라 꽤 먼 거리에서 버스를 타고 오셨다. 서원 경내가 꽉 찰 정도로 많이 오시는데 제를 지내는 절차는 유교의 법도를 철저히 지키면서 엄숙하고 장대하게 치른다. 요소요소에서 선비의 기풍과 순흥 안씨에 대한 가문의 자긍심이 묻어나는데 어린 나에게 비추어진 모습은 고고하면서도 위대해 보였다. 그때부터 제례에 관한 법도를 어깨너머로 보고 익혀서 내 또래의 연령대에서는 누구보다도 잘 안다고 하지만 자주 활용하지 않음으로써 점차 잊혀가고 있다. 소수서원을 들어서면 무엇보다 장엄한 소나무에 반한다. 숱한 세월을 겪으면서 단종 복위 운동 같은 역사적 사건들을 묵묵히 지켜보며 곱게 자란 녀석들도 있지만 굽어지기도 하고 상처가 깊어 쓰러지기도 한 흔적이 남아있다. 하늘 높이 치솟은 웅장한 소나무를 쳐다보면서 한 많은 세월이 강물처럼 빨리 지나갔지만, 역사적 진실은 그대로 남아있다는 것을 알 수 있다. 웅장한 소나무 옆으로 죽계천(川)이 흐르는데 깊은 곳은 꽤 깊어서 수영을 금지하는 곳이다. 여기에는 소나무 못지않게 역사의 참상을 지켜본 큰 바위가 있는데 거기에는 붉은색으로 敬이라고 쓴 글씨가 있다. 1457년 금성대군과 순흥 도호부사가 단종 복위운동을 계획하였지만 실행하지 못한 채 발각되어 여기에 가담했던 순흥 안씨 선비들을 비롯하여 향민(鄕民)들이 대거 숙청당하면서 분하고 억울한 귀신들이 황천을 가지 못하고 구천을 떠돌며 밤마다 슬피 우는 울음소리가 그치지 않아 큰 바위에 당신들을 존경한다는 의미로 敬 자를 써서 위로함으로써 귀신들의 울음소리가 그쳤다는 슬픈 이야기가 있다. 이 천(川)을 따라 한참을 내려가다 보면 피끝마을이 있는데 처형당한 사람들의 흘러내린 피가 비로소 멈춘 지점이라고 하여 붙여진 이름이니 얼마나 많은 사람들이 죽임을 당했는지 상상이 되면서 왕위를 찬탈한 무리들의 참혹성에 고개가 저절로 가로저어진다. 죽계천 위를 가로지르는 다리를 순흥 청다리 라고 하는데 이 지역의 내 또래 아이들은 부모님과 어르신들로부터 너는 청다리 밑에서 주워 온 아이 혹은 청다리 밑에 가면 너의 어머니가 기다린다는 말을 숱하게 들으면서 자랐다. 여기에는 두 가지 설이 있는데 하나는 단종 복위 운동으로 마을 전체가 쑥대밭이 되면서 살아남은 아이들을 이곳으로 버렸다는 이야기와 소수서원으로 유학 온 유생들이 마을 처녀나 기생들과 정을 통해 낳은 아이를 몰래 버렸다는 이야기가 있다. 이렇게 버려진 아이들은 아이를 갖지 못한 아낙들이 데리고 가서 키웠다는 것인데 어릴 때 이런 이야기를 들으면 청천벽력 같은 소리라서 울지 않은 아이들이 없었다. 지금도 맑은 물이 청아한 소리를 내지르며 비 오는 날은 세차게 흐르고 평상시에는 도도히 흐르면서 역사의 울음과 함께 흘러가고 있다. 주말마다 북새통을 이루는 역사를 알고 싶은 학생들이나 더 많이 더 깊이 알고자 하는 교수님이나 그냥 역사와 여행이 좋아서 옛것을 찾아다니는 고적 답사를 즐기는 사람들이나 모두 아픔을 되새기고 또 다른 아픔의 역사가 이어지지 않도록 애써주면 좋겠다.

나는 세계문화유산인 부석사와 소수서원이 가까운 지역에서 자라온 탓에 나름대로 꼿꼿한 선비의 기질과 불의에 항거하는 의식을 불태우며 살아왔다고 생각한다. 그러다 보니 애향심은 물론 자긍심과 자부심이 강하며 남에게 피해를 주거나 이용하려는 천박한 사고를 싫어하고 타인을 배려하고 존중하는 삶을 지향하며 살아왔고 앞으로도 그렇게 살아갈 것이다. 진정한 삶의 가치와 의미를 되새기며 행복하게 살아갈 것을 다짐한다.

조국(祖國)

까맣게 처진 집단의 아픔은
뜨거운 전우애로 뭉쳐지고
소원하는 패배의 쓰라림은
조국의 희망에 얽혀 지려나

달아나는 영겁의 세월은
한 웅큼 젊음을 앗아가지만
상처 된 부위를 철모로 덮어
애달픈 그리움을 삭혀 주리니

한없는 겨레의 그리움에
굳게 쥔 양손의 몸부림은
희망의 밝은 빛 밝혀 나가니

통일의 억센 의지가
긴
여운으로 남아
사나이의 충심을 지켜 주리라.

백두산과 천지

우리나라 사람 중에 백두산을 영산(靈山)으로 생각하지 않은 사람이 없을 것이고 천지(天池)에 관심 없는 사람은 없을 것이다. 더더욱 관심과 호기심을 많이 가지게 된 것은 가고 싶어도 마음대로 갈 수 없고 보고 싶어도 마음껏 볼 수 없기 때문이다. 그러다 보니 애틋함이 더하고 남북이 분단된 현실이 한스러울 따름이다. 누구라도 갈 수 있는 선조의 땅이고 내 조국의 땅인데 기껏해야 도둑고양이처럼 눈치 보며 살금살금 갔다가 재빨리 되돌아서야 하니 복잡한 여정의 단계를 거쳐서 거기까지 가는 사람도 뒤끝이 개운하지 않고, 그리움과 따뜻한 정을 듬뿍 받으며 한민족의 기개를 품고 우뚝 솟아있는 백두산과 산꼭대기에 푸른 물을 가득 담고 있는 천지도 못내 아쉬움을 떨쳐버릴 수가 없을 것이다. 그래도 가고 싶고, 보고 싶은 곳이 백두산이고 천지이다.

이런 곳을 몇 년 전에 여행사에서 주관하는 패키지 상품에 의존하지 않고 지인들과 의미 있고 개성 있게 다녀왔다. 비행기나 숙박 등은 당연히 여행사를 통해 예약했지만, 천지가 있는 백두산 정상까지는 여덟 시간을 직접 등산하여 도착했고 하산할 때도 장백폭포가 있는 곳으로 두 시간을 걸었으니 도합 장장 열 시간을 걸어서 오르고 내려온 것이다. 통상적으로 백두산 여행상품은 중국이 관할 하는 행정구역인 백두산 입구에서 일본의 도요타 차량인 SUV를 타고 험하고 위험한 길을 과속으로 달려 백두산 정상에 도착하여 도보로 오 분 정도를 걸으면 천지를 한 눈으로 감상할 수 있는 곳에 도달하는 것이다. 위험하지만 편리하고 시간을 단축할 수 있어서 모두가 이렇게 백두산을 다녀오지만, 우리 일행은 통념을 깨고 새로운 길을 도전한 것이다. 우리나라 마루지를 관광하러 가는데 일본 차량을 이용하는 것이 살짝 불쾌하고 자존심이 상하여 기분이 썩 좋지 않을 뿐만 아니라 도로가 산길이다 보니 좁고 포장도 안 되어 있으며 곳곳이 패어있거나 산사태로 유실된 부분을 보수하지 않아 위험이 그대로 노출되어 자칫하면 낭떠러지로 떨어질 수도 있는 위험천만한 길을 고도로 숙련된 기사라고 자만하는 중국 사람이 최고의 속도로 달리는 것이 패키지 상품이라서 위험도 피할 겸 유의미한 길을 택한 것이다. 실제로 이동 중 자동차가 전복되거나 낭떠러지로 떨어져서 여행객이 죽거나 다치는 경우가 종종 발생하지만, 관할 당국은 아랑곳하지 않고 케케묵은 메커니즘을 유지하고 있다. (2024년 현재는 확인 못 함)

우리 일행이 백두산 여행을 생각한 것은 보편적이고 천편일률적인 여행에서 벗어나 유익하고 의미 있는 여행의 필요성이 제기되면서 백두산과 천지를 떠올렸고 어느 나라 어느 곳보다 더 감동 있고 의미 있으며 오랫동안 기억할 수 있을 거라는 의견이 지배적이어서 만장일치로 백두산 여행을 결정하였다. 여기에 그치지 않고 단순히 백두산 천지를 보고 오는 것보다 한 발짝 더 나아가 우리의 발자취를 남기면 좋겠다는 생각이 불현듯 들어 천지까지 등산을 하면 어떨지 하는 의견이 제시되어 이것 또한 모두가 굿 아이디어라고 하면서 만장일치로 결정하였다. 그렇게 추진하기로 하여 현지 가이드에게 가능성을 의뢰하였지만 일언지하에 거절당했다. 이유는 위험하고 지금까지 등산하여 천지까지 올라간 사례가 없어서 등산길도 없고 방법도 없으며 특히 관할 하는 행정구역의 관리소나 중국 공안이 허가할 리가 없을 거라고 했다. 예상하지 못한 답변에 잠시 당황했지만 포기하지 않고 할 수 있는 방법을 찾은 결과는 관할 지역 사무소에 신고나 공개하지 않고 우리끼리 새벽 일찍 백두산 입구까지 이동하여 무조건 높은 곳을 바라보며 등산하는 것이었다. 현지 가이드는 말도 안 된다고 펄쩍 뛰었지만, 설득에 설득을 거듭하고 불상사가 일어나더라도 책임을 묻지 않을 것이며 이동을 통제하는 관리자들을 무마하기 위한 비용이 발생하면 기꺼이 촌지를 줄 것임을 약속했고 무엇보다 등산하겠다는 우리의 의지가 바위보다 확고하다는 뜻을 인지하고서야 한발 물러나면서 불안감을 감추지 못하고 마지못해 동의하였다. 가이드는 동의 후에 아마도 약식으로 답사하였을 것이다. 잘못되면 가이드 비용도 못 받고 경찰서 신세를 질 수도 있다는 생각에 불안불안했을 것이다.

그 당시만 하더라도 백두산 여행이 인기를 떠나 관심이 많지 않았고 주변 관광지와 연계되지 않아 여행사뿐만 아니라 일반 국민에게 널리 홍보되거나 알음알음 소문난 유명한 여행지가 아니었으며 그러다 보니 기반 시설이 발달 되지 않아 여정이 불편하거나 번거로울 것이라는 선입견이 있어서 썩 선호하는 여행지는 아니었다. 다만 대한민국 국민이라면 그때나 지금이나 여행의 즐거움을 떠나 죽기 전에 꼭 한 번은 가보고 싶은 곳으로는 선정되었거나 선정되지 않을까 싶다. 백두산은 죽을 때까지 듣는 애국가에 나오다 보니 애국심을 불타오르게 하고 통일이 되면 국경선이 되어 우리나라를 굳건하게 지켜줄 불멸의 수호신 같은 존재이며 무엇보다 한민족의 기상이 서려 있는 곳이라 생각하기 때문이다.

백두산은 말 그대로 머리에 흰 눈을 덮어쓰고 삼계절을 보내는 차가운 산이다. 천지는 얼어서 푸르른 호수를 볼 수 없고 백두산은 흰 눈으로 덮여있어 야생초나 희귀목을 눈으로 확인할 수 없는 기간이 일 년 중 팔, 구 개월 정도라고 한다. 그러니 여행을 가더라도 육, 칠, 팔월 기간에 가야 하고 정상에 도착하면 맑은 날이어야 천지를 볼 수 있으므로 천지 신령님께 엎드려 빌어서라도 구름을 걷게 하고 안개를 사라지게 해야 한다. 아니면 위로 삼대가 덕을 쌓은 조상이 있으면 저절로 시야가 트여 황홀한 천지를 볼 수 있다고 하니 참고하면 된다. ㅎㅎ

6월 초에 우리는 조선 자치구인 연길에 도착하여 하룻밤을 묵고 이튿날 새벽 백두산 초입까지 버스로 이동하여 드디어 천지까지의 등산이 시작되었다. 모두 걸어서 천지를 정복하겠다는 굳은 의지가 역력했고 한편으로는 우리 땅을 어쩔 수 없어 다른 나라를 통해 올라가야 하는 현실에 울화통도 터지고 설움이 북받쳐 오르기도 하였다. 어서 빨리 통일이 되어 후손들이라도 우리 땅을 밟으며 즐거운 산행이 되기를 기원하면서 어둠을 헤치고 한 걸음 한 걸음 정상을 향해 발걸음을 내디뎠다. 발걸음은 힘차게 뻗었지만, 한편으로는 중국 공안이 뒤좇아 오지 않을까 해괴한 산짐승이 나타나서 혼비백산하지 않을까 하는 불안감도 있었고 또 한편으로는 한민족의 영산을 내 발로 걷는다는 것에 가슴이 벅차올라 간간이 뜨거운 조국애가 짠하게 끓어오르기도 하였다. 우려했던 상황은 다행히 닥쳐오지 않았고 날이 밝으면서 백두산에 서식하

는 초목들을 감상하면서 침묵에서 깨어나 즐거운 대화를 하며 쉬엄쉬엄 정상을 향했다. 중간중간에 관광객을 태우고 위태롭게 과속하는 차량을 보면서 우리는 여유롭게 두 손을 흔들고 그들은 불안하고 의아한 눈빛으로 우리를 보면서 한 손은 흔들고 또 한 손은 손잡이를 꽉 움켜쥐고 있는 모습이 애처로워 보였다. 그들이 어느 국적이고 어떤 사람인지는 중요하지 않고 우리나라 우리 땅을 밟아 주는 것이 그저 고맙고 감사하다는 생각이 들었다. 외국을 방문하면 누구나 애국자가 되고 누구나 국가를 적극적으로 홍보하는 대변인이 된다는 말이 틀린 말이 아니다. 나도 그랬고 함께한 지인들도 그랬기 때문이다.

우리 일행 중에는 식물 관련 전문가가 없어서 백두산 희귀종이 무엇인지 알 수는 없었지만, 지천으로 깔린 수많은 식물 모두가 처음 보는 것이어서 백두산에 서식하는 모든 식물이 천연기념물이고 희귀종이 아닐지 하는 생각을 하였다. 특이한 것은 상시 온도가 낮아서 그런지 키가 큰 나무나 식물이 없고 울창하지는 않지만, 작은 고추가 맵듯이 작고 단단하기가 차돌처럼 강하고 눈보라에 살아남은 기개를 뽐내듯이 의연하게 곳곳에 자리 잡고 서 있다는 것이다.

백두산이 한민족의 영산이라고 하는 이유는 외세에 굴복하지 않고 꿋꿋하게 물리치고 이겨내어 역사를 일구어내는 우리 민족처럼 날씨나 환경에 굴하지 않고 그 자리를 굳건히 지키고 있는 강인한 식물들이 서식하고 서로가 감싸주면서 단일 대오를 형성하고 있기 때문일 것이다.

이렇게 한민족으로서의 의기가 양양한 일만 있었던 것은 아니다. 다섯 시간 정도 산을 오르다 보니 옛날옛적에 백두산이 폭발할 때 생겼던 계곡이 예술처럼 아름다워 그냥 지나칠 수가 없어서 준비한 태극기를 휘날리며 기념사진을 멋지게 찍으려고 하니 가이드가 기겁을 하면서 만류하였다. 왜 그러냐고 하니까 이곳은 중국 영토이고 한민족의 기상이 움트는 것을 극도로 경계하는 중국지도부가 태극기를 펼치는 것을 일절 허용하지 않는다는 방침이 하달되었기 때문에 언제 어디서 중국 공안이 닥칠지 모르고 만약 적발 시 가지고 있는 물품들은 압수당하고 산 밑으로 되돌아가는 것은 물론이고 강제 추방당할 수도 있으니 절대로 불허한다는 것이었다. 또 자신은 가이드로서 책임을 면하기 어려울 것이고 가이드 자격이 박탈되어 직업을 잃을 수도 있으니 간곡히 부탁하듯이 협조를 당부했다. 듣고 보니 가이드는 조선족이지만 중국 사람이므로 이해는 했지만, 오히려 오기가 생겨

잽싸게 찍겠다 하고 공안이 들이닥치더라도 가이드는 우리 일행과 상관없는 사람이라고 말할 테니 보이지 않는 곳으로 피신하라고 한 후 어금니를 깨물고 사진을 찍었다. 이때 아마도 나뿐만 아니라 대부분이 마음속으로 중국을 성토했을 것이고 분단된 조국이 한스러웠을 것이고 우리의 소원은 통일이라는 노래를 눈물을 삼키며 속으로 불렀을 것이다.

우리의 소원은 통~일
꿈에도 소원은 통~일
이 정성 다해서 통~일
통일이여 오라
이 나라 살리는 통~일
이 겨레 살리는 통~일
통일이여 어서 오라
통일이여 오라

지금 세대들은 특별히 따로 배우지 않지만, 우리 세대는 줄기차게 배우고 목이 터지라 부른 노래다. 지금도 여전히 부르지만 야속하게도 통일은 오지 않고 점점 멀어져 가는 거 같아서 원성과 울분만 쌓이고 있다.

일곱, 여덟 시간을 걷고 또 걷다 보니 어느새 천지가 있는 정상에

다다랐다. 다리는 말할 것도 없고 정신마저 몽롱하여 심신이 지친 상태에서 주변을 살펴보니 관광객들이 타고 온 차량이 어지럽게 나뒹굴며 서있고 각양각색의 관광객들이 천지를 보러 흰 눈이 쌓였다가 간간이 녹아내리는 언덕을 오르고 있었다. 그때까지만 하더라도 감격에 겨운 광활한 얼음 호수를 마주할지 생각도 못 하고 우리 일행은 다른 관광객들과 섞여서 힘들게 마지막 스퍼트를 하였다. 가파른 언덕을 오 분여 정도 올라가니 눈앞에 거대한 얼음광장이 펼쳐졌고 그것이 천지라는 것을 뒤늦게 깨닫고 감격의 눈물을 흘렸다. 유월이라 당연히 푸른 물결이 일렁이는 호수와 맞닥뜨릴 줄 알았는데 뜻밖에 얼음을 만났지만, 벅찬 감동은 푸른 물결을 만나는 것 못지않았다. 비록 살아 움직이듯 일렁이지 않고 죽은 듯 고정되어 있었지만, 천지를 보는 것 자체에 감개무량하였다. 공기는 차가웠지만 날씨는 맑아 천지 끝 지점이 뚜렷하게 보였고 천지를 에워싼 병풍 같은 민둥산과 봉우리들이 근엄한 자세로 천지를 보호하고 있었다. 우리는 말없이 저 멀리 아련하게 보이는 광활한 얼음광장을 응시하면서 가까운 길을 너무 멀리 돌아왔다는 생각도 하였을 것이고 한민족의 기상이 세계로 뻗어나가 강한 국가로 거듭 발전되어 세계인을 호령하는 그날이 하루빨리 오기를 기원했을 것이다. 그때가 되면 중국 영토와 나누어져 반토막이 된 천지도 되찾아오고 알프스산맥을 오르내리는 케이블카보다 월등한 성능과 시설을 갖춘 대한민국산 케이블카를 타고 유유히 천지 주변을 감상할 것이다. 그리고 백두산 맑은 물로 제조한 텁텁한 막걸리도 한잔하고 청량한 맥주도 한잔하면서 세상 누구보다도 행복한 시간을 가질 것이다. 아~ 생각만 해도 기분 좋은 상상이다.

한민족의 웅지를 펼칠 날을 고대하면서 천지 물을 맛보기 위하여 화석으로 층층이 쌓인 위험하고 가파른 길을 두 시간여 걸어서 천지 물이 흘러내리는 것을 막을 수 있도록 설치된 보(洑)에 도착하였다. 산 정상에서 내려다볼 때 천지는 한눈에 들어오는 광활한 산정호수였지만 수평으로 바라보이는 천지는 끝없이 펼쳐진 대륙의 기상이었다. 천리마를 타고 달려도 달려도 끝나지 않을 거대한 들판이고 마음속의 기름진 평야였다.

천지는 화구호(火口湖)로 해발 2,190미터에 위치해 있으며, 세계에서도 매우 드문 사례이고 면적은 9,165제곱킬로미터이며 최대 수심은 384미터, 둘레는 14.4킬로미터이고 수량은 20억 톤으로 한반도 전체를 10밀리미터 두께로 덮을 수 있는 양이라고 한다. 천지는 중국의 송화강 발원지이고 수온이 낮아 어류가 서식하지 않고 식물성 부유생물과 곤충이 서식하고 있으며 얼음이 얼고 눈이 쌓이면 그 두께가 육 미터 이상이 된다고 한다.

보(洑) 위로 흘러내리는 물을 손으로 받아 차마 마시지는 못하고 입술에 적셔보니 차갑고 시원하면서도 따스한 온기가 온몸으로 전달되는 기분이었다. 그만큼 백두산 천지가 우리에게 끼치는 의미가 광대하다는 것이고 마음속 깊이 내재 되어 언제나 푸르름으로 남아있다는 것이다.

천지를 뒤로하고 하산하는 길로 접어들었는데 이때에도 대한민국의 영토인 북녘땅으로 향하지 못하고 중국 영토로 향하니 또 한 번 가슴이 찢어지는 설움을 삼켰다. 북녘으로 내려오면 백두폭포를 기점으로 서해로 흐르는 압록강도 바라보고 동해로 흐르는 두만강도 볼 수 있는데 중국 영토로 내려오다 보니 아름다운 금수강산은 접하지 못하고 창바이산(長白山)으로 불리는 투박한 중국 땅만 쳐다보며 무겁고 힘없이 내려왔다. 개인이나 몇 명의 단체 노력만으로 통일의 대업을 이룰 수는 없지만 시냇물이 강물이 되고 다시 바다가 되듯이 대한민국 국민 하나 하나가 통일에 대한 염원을 담고 맡은 바 소임을 다하고 정부와 사회 각 분야에서 통일에 대해 진지하게 고민하고 노력한다면 먼 훗날의 일이거나 불가능한 일은 아니라고 생각한다.

두 시간여를 걸어서 내려오니 장엄하게 쏟아 내리는 장백폭포를 마주하게 되었다. 우리나라 영토였다면 당연히 백두폭포라 명명되었을 텐데 장백이라는 낯선 이름과 붉은 글씨체가 우리 마음을 편하게 하지 않았다. 그러나 울분만으로 해결될 수 없다는 것을 알고 현실을 받아들이면서도 통일이 불가능할 거라는 인식이 굳어지거나 체념은 하지 않았다. 언젠가는 반드시 통일이 될 것이라는 굳은 신념과 함께 아직은 시설이 미비한 백두온천에 입장하여 펄펄 끓는 온천수에 몸을 맡기고 잠시 동안 상념에 젖어 들었다.

해외 여행지로 백두산을 잘 선택했다는 생각, 천지까지 두 발로 걸어서 올라가겠다는 결정, 걸으면서 백두산에서만 기생하는 산천초목과 호흡을 하면서도 우리 영토가 아닌 다른 국가의 영토를 밟다 보니 벅찬

환희가 반감된 기분, 자유자재로 등산로를 선택하지 못하고 보이지 않게 통제를 받으면서 행동에 제약받은 설움, 천지를 바라보면서 벅찬 감동에 눈물 흘리며 한민족의 기상을 되새긴 각오, 천지 물에 손을 담그면서 통일에 대한 소망이 온몸으로 퍼지면서 전의를 다졌던 시간 등등이 머릿속을 헤집고 다니면서 몸은 나른해졌지만, 정신은 냉정하게 차가워져 현실을 직시하면서 꿈같은 백두산 여정의 대미를 마무리하였다. 앞으로도 백두산과 천지 이야기를 두고두고 평생을 이야기하며 통일의 의지를 점점더 다지는 시간이 되리라 자신한다.

여름 실종

언제부턴가 여름이 두려워졌다.

해가 지면 열대야로 뒤척이고
해가 뜨면 온도 예보에 일희일비하고
한낮에는 바람 따라 그늘진 곳을 기웃거리게 된다.

누가 왜 이토록 잔인한 여름을 만들었는가?
무엇에 분노하여 자연이 이글이글 거리는가?
모두 다 내 탓은 아니오 라고 둘러대고 싶은가?

한두 해 전 여름은
젊음의 계절이고 사랑의 계절이고 낭만의 계절이었다.
오곡이 무르익을 수 있도록 적당한 열기를 제공해 주고
마당에 멍석 깔고 드러누워 부채질하며 밤하늘 별을 헤아렸다.

심쿵한 땀내는 등목으로 가뿐히 씻어내고
오이냉국 한 그릇이면 내장까지 얼얼해지면서
낮잠의 유혹에 모른 척 넘어가는 유쾌한 삶이었다.

냉방장치가 없어도 모기장 속은 천국이요
온갖 잡초더미에서 피어나는 모깃불은 향기로웠다.
그렇게 한여름 밤의 꿈은 무르익어 갔다.

다시 그날이 오려나

서로 존중하고 배려하며 양보하는 삶
인위적으로 무분별하게 파손하지 않는 삶
자연에 순응하고 편리함만 추구하지 않는 삶

그러면 다시 그날이 오려나

골프와 인생

흔히들 골프를 인생에 비유한다.

그래서 라운딩 할 때에 자녀나 부하직원을 꼭 데리고 가라는 말이 있다. 라운딩하다 보면 홀마다 각각 다른 조건이 따르는데 어쩌면 이렇게도 인생의 축소판일까 하는 생각을 한다. 우리가 살아가면서 겪는 다양한 기쁨과 시련은 희한하게도 주기적으로 혹은 반주기적으로 반복된다. 물론 기쁨에서 기쁨으로 슬픔에서 슬픔으로 이어지는 경우도 있지만 거의 대부분은 양지도 있고 음지도 있는 삶을 살고 있다. 기쁘고 즐거울 때에야 특별한 대책이나 문제를 해결하기 위한 방법을 찾을 필요 없이 불행을 대비하면서 행복을 즐기면 되지만 슬픔이나 시련이 닥칠 때는 극복하고 치유하는 방법을 찾아 치밀한 전략으로 노력하고 애를 써야만 다시 행복의 대열에 합류할 수 있다. 여기서 포기하거나 체념하거나 좌절하면 인생의 끝자락으로 몰리고 헤어나지 못한 채 극빈층으로 혹은 심리적 솔로로 세월에 끌려다니며 무의미한 삶을 살게 된다. 골프는 홀마다 시작점과 마무리 점이 있으므로 설사 지나온 홀에서 공이 잘 맞아서 점수가 좋거나 잘못 맞아서 점수가 나쁘더라도 다음 홀에서 만회할 수 있는 기회와 여력이 있으므로 거만하게 자신만만해하거나 쉽게 포기하면 안 되고 심기일전하여 도전하고 또 도전해야 한다. 그래서 인생에 비유하는 것이고 자녀들이나 부하직원을 라운딩에 데리고 가라는 이유이다. 자녀들이나 부하직원이 라운딩을 하면서 난관에 부닥쳤을 때 좌절하지 않고 극복하는 의지나 방법을 직접 체험해 봄으로써 용기와 자신감을 가질 수 있고 위급할 때 어떤 조언이 필요한가에 대해서도 생각해 볼 수 있기 때문이다.

골프를 접해보지 않은 사람들은 의아하게 생각할지 몰라도 직접 접해본 사람들은 격하게 공감할 것이다. 골프든 인생이든 노력하지 않으면 좋은 결과를 만들기 어렵고 간혹 운이 좋아 물에 빠지거나 라운드 밖으로 나갈 뻔한 골프공이 바위나 나무를 맞고 플레이할 수 있는 공간으로 들어올 때도 있지만 지속해서 발생하거나 반복되지 않는다. 그동안 밤낮으로 노력한 연습이 가상하여 하늘이 순간을 도왔다는 것이지 꾸준히 이런 상황이 재연되지 않는다는 것이다. 인생도 마찬가지다. 결단코 운(運)이나 우연도 열정을 다해 최선의 노력을 다할 때 하늘이 돕는 것이지 요행을 바라거나 잔머리를 굴리는 사람에게는 절대로 찾아가지 않는다.

나는 골프 구력(球歷)은 꽤 되지만 실력이 출중하거나 소액의 밥값 내기 게임에서 이길 정도의 실력은 아니다. 간혹 아주 간혹 그분(?)이 왔을 때는 희한하게도 잘 맞는 경우가 있기는 하지만 그렇다고 게임에 이기거나 싱글(79타 이내) 점수를 획득하는 것은 아니다. 그저 기분이 좋은 정도이다.

그렇다면 구력이 오래되었는데도 불구하고 골프 실력이 뛰어나지 않은 이유는 무엇일까? 이유는 여러 가지가 있을 수 있지만 무엇보다도 연습을 하지 않았기 때문이다. 즉 노력을 안 했다는 것이다. 물론 나는 프로선수가 아니기 때문에 매일매일 연습장에 가서 골프채를 휘두를 거는 아니지만 골프를 좋아한다면 기본적으로 정기적인 노력은 해야 하는데 그저 잘될 거라고 하는 막연한 기대로 골프를 치러 가면 안 된다는 것이다. 인생에서 노력하지 않고 얻을 수 있는 결과물은 있을 수 없고, 살아가면서 닥치지 않는 불행은 절대로 없다. 그러므로 항상 최선의 노력으로 주어진 역할을 수행해야 하고 완수해야 하며 닥칠 수 있는 불행에 대비해야 한다. 골프를 인생에 비유하는 또 다른 이유는 집중력이 뛰어나야 하고 멘탈이 강해야 하며 자신과의 싸움에서 이겨야 한다는 것이다. 상대를 배려하고 존중하는 자세는 기본이고 상대의 실수를 이용하려는 얄팍한 사고는 금물이며 상대가 나를 이겼다면 진심으로 축하하고 인정해야 한다. 특히 골프는 혼자 하는 스포츠라고 해서 남을 의식하지 않거나 부정한 방법으로 플레이한다면 퇴장은 당연한 거고, 영원히 퇴출당할 수도 있으며 기본 인성에 대한 나쁜 인식으로 사회생활에 지장을 받으면서 외톨이가 될 수도 있다. 실로 엄청난 벌이다. 이만큼 골프는 엄격한 운동이지만 세계에서 공으로 할 수 있는 구기종목 중 재미나 흥미가 단연 으뜸일 정도로 인기가 많고 배우고 싶어 하는 스포츠다. 그 이유는 라운딩하는 과정이 인생길을 걷는 과정과 유사하기 때문이다.

지인과 함께 필드에 나가거나 스크린으로 골프를 칠 때면 첫 홀부터 마지막 홀까지 흐트러지지 않고 또박또박 치는 사람들도 간혹 있지만 거의 대부분은 실수도 하고 슬럼프에 빠지기도 하고 체념하다시피 하는 경우가 있다. 또 전반 홀은 선방을 하면서 본인의 실력을 유감없이 발휘하지만, 후반 홀은 전반에 친 사람이 맞나 싶을 정도로 무너지는 사람이 있다. 이것이 잘못됐다는 것은 아니고 누구에게나 닥칠 수 있는 위기와 시련이라는 것이다. 중요한 것은 이런 상황에서 당황하지 않고 차분하게 극복하는 사람이 있고 포기하거나 좌절하는 사람이 있다는 것이다. 극복하는 사람은 다시 대열에 합류하여 정상적인 플레이를 할 수 있지만 좌절하거나 포기하는 사람은 멤버들에게 정신적으로 막심한 피해를 주고 다음 플레이에 배제당할 수 있는 요소가 있는 사람이다. 골프가 인생에 비유되는 이유가 바로 이런 상황이다. 사업을 하는 사람의 성공 여부는 골프를 쳐보면 알 수 있다는 말이 있다. 단순히 타수의 숫자를 보는 것이 아니고 매홀 마다 닥치는 위기를 어떻게 극복하는지 잘못되었을 때 나타나는 인성이 어떤지 타인을 얼만큼 배려하는지 규정을 준수하고 정직한 플레이를 하는지 등등 이렇게 평가하고 판단할 수 있는 항목이 부지기수다. 그러니 무조건 골프를 잘 친다고 해서 사업을 잘하는 것이 아니고 다양한 항목을 두루두루 잘 갖추어야 사업이나 인간관계를 잘 형성하고 사업에 성공할 가능성이 많으며 행복한 생활에 가까워질 수 있다는 것이다. 하지만 성공하기 위하여 주구장창 골프 연습만 한다고 해서 사업에 성공하는 것은 아니니 상황에 맞게 행동하고 노력하는 것이 중요하다.

친구 중에 라운딩을 나가기 전과 라운딩이 끝난 즉시 연습장으로 달려가는 친구가 있다. 라운딩을 나갈 계획이 있으면 나가기 전에야 기본적으로 연습을 하는 것이 자연스럽다고 여겨져서 특별하게 생각하지 않지만, 라운딩이 끝난 후에도 곧장 연습장으로 달려가서 기본적인 연습을 하고서야 집으로 가는 것에 대해서는 조금 의아하게 생각했다. 게임에서 진 것에 대한 억울함으로 연습하는 건지 미련이 남아 휘두르는 건지 다음번에 더 잘 치기 위함인지 납득이 가지 않고 골프에 미쳤거나 타수에 집착하거나 욕심이 지나치게 과한 게 아닌가 하는 생각을 했다. 그러나 그 친구는 타수에 대한 지나친 욕심이나 상대를 악착같이 이기려는 승부 욕심보다는 오로지 자신을 위하여 흐트러질 수 있는 자세를 유지하고 정신을 집중하기 위하여 그런 노력을 한다는 사실을 알고 참 대단한 친구라고 인정했다. 실제로 그 친구는 골프에 대한 기본 매너가 훌륭하고 실력도 출중하며 골프를 즐기면서 친구들과 어울리는 걸 좋아할 뿐이지 상대에게 지지 않으려고 연습하거나 라운딩하는 독종이 아니다. 진정 골프 애호가이다. 나도 진정한 골프 마니아이고 싶은데

실력과 의지가 부족하여 나 스스로가 인정하지 않고 지인들도 나를 장기판 졸(卒)로 본다. ㅠㅠ

개개인의 삶은 다르지만, 목표를 향해 매진하고 달성하여 행복한 생활을 하고 싶어 하는 욕구는 똑같다. 불행을 목표로 살아가는 사람은 당연히 없지만 혹여 있다면 어떠한 경우에도 신경을 쓰지 않고 애련에 상관하지 않으면서 제 삶을 살아갈 수 있지만 그런 사람은 정말 없기에 모든 사람은 시련을 극복하려 하고 실패하더라도 다시 일어서려고 한다. 이것 또한 인생의 묘미다.

한때는 골프가 고급 스포츠이자 부자들만 누릴 수 있는 특권이라고 해서 서민들에게는 그림의 떡이었고 가난한 사람과 돈 많은 사람들을 갈라치기 하는 부적절한 운동이라고 한 적이 있었다. 지금도 돈이 많이 들어가고 시간이 많이 소요되며 아무나 하고 싶으면 하는 운동이 아닌 것은 사실이다. 그러나 이미 대중화되어 동네마다 스크린 골프장이 없는 곳이 없고 수도권과 멀리 떨어진 골프장의 그린피는 일정한 수입이 있는 서민이라도 얼마든지 즐길 수 있는 수준이 되었다. 물론 시간이 많이 소요되는 것은 먹고살기에 바쁜 사람들에게는 언감생심 꿈도 꿀 수 없는 것도 사실이지만 젊은 세대들도 즐기는 것을 보면 일정 부분 보편화된 스포츠이고 점차 대중화될 것이라 확신한다.

골프는 부부끼리 라운딩하면서 대화하고 잘못된 부분을 교정해 주면서 자식 이야기, 세상 이야기, 미래 이야기를 하는 모습이 가장 아름답다고 한다. 실제로 부부가 함께하는 라운딩을 보노라면 마음의 여유와 풍족한 삶이 보인다. 여기서 풍족한 삶이란 금전적으로 떵떵거린다는 것이 아니고 부부가 함께 즐기고 공동으로 지출하면서 행복한 모습을 보인다는 것이다. 비단 골프를 통해서만 부부애가 깊거나 여유 있는 삶으로 비추어지는 것은 아니므로 어떤 운동이든 부부가 함께하는 것이 소중하다고 할 수 있다. 다만 남편이 아내를 이기려고 대들면 안 되고 이기는 척 하면서 져주는 것이 훨씬 더 아름답다는 사실을 명심해야 한다. 이것은 결코 팔불출이 아니고 최고의 남편이다. ㅎ

골프는 인생처럼 인생은 골프처럼 물 흐르듯이 바람 불 듯이 모두가 이렇게 행복하게 살아가면 좋겠다.

흐르는 세월

가을의 맨 끝에 서서 세월을 본다.
보일 것 같던 세월은 이내 자취를 감추고
멎었던 상념의 공간에서 허우적거린다.

못다 한 세월의 恨을 풀지 못하고
억눌린 초췌한 모습은 낡아 버리는데
이어지는 시간의 만남은 무상한 바람을 일으킨다.

꽃이 피고 낙엽이 지고
새로운 몸서리가 길을 막으면
트이지 않는 탄탄대로의 기막힘은
홀로된 사랑을 잊게 만드누나.

깡마른 나목의 그림자로
가릴 수 있는 주어지는 형체가
조그마한 잎들의 모임이라면
몸체만이라도 덮을 수 있으련만

희미한 안개를 벗어나려고
마음껏 달리던 물체의 부딪침은
정당화될 수 없고 보장될 수 없는
당사자의 아픔이요 실연일 뿐이다.

말 없는 세월은
바다를 향해 오늘도 달려간다.

두하 친구

세월이 강물처럼 흘러 자네가 우리 곁을 떠난 지 어느새 2년이 되었네.

낯선 그곳에서 지인들과 조우하여 웃으며 평안하게 잘 지내고 있는가?

우리는 나사가 하나 빠져 덜컹거리는 수레를 끌며 언덕길을 오르기도 하고 내려가기도 하면서 힘에 부칠 때면 혹시나 빠져버린 나사가 눈에 띌까 두리번 거리기도 하고 또 다른 나사가 빠질까 봐 조심조심하면서 밀고 당기며 험한 길을 걸어가고 있다네. 자네는 그곳에서도 여전히 봉사하면서 지인들의 시중이 되어 기쁨은 나누고 아픔은 어루만져주며 정직한 토대를 쌓아가고 있겠지.

그래도 가끔은 우리를 생각하고 그리워해 주게나.

오늘 자네가 훌쩍 떠나고 처음으로 자네가 남긴 흔적 아래 이렇게 모였네. 꽤 많은 시간을 함께 지내오면서 숱하게 많은 일들이 낡은 필름 돌아가듯이 선명해졌다가 희미해졌다가 하면서 가슴을 멍하게도 하고 착잡하게도 하네.

꿈 많고 즐거웠던 고등학교 시절을 보내고 대학을 거쳐 사회인이 되면서 우리의 우정은 더욱더 깊어졌고 인생의 황금기를 함께 보냈지. 자네한테 늘 고맙고 미안했던 것은 술 좋아하고 놀기 좋아하는 우리를 위해 헌신하고 희생하면서도 힘들거나 귀찮은 내색 없이 묵묵히 뒤치다꺼리를 해주고 시혜하듯 우리를 대하지 않고 진정 순수한 마음으로 함께 어울려 준 것이었네. 장거리 운전은 말할 것도 없고 소소한 일부터 큰일까지 자네의 손길이 닿지 않은 곳이 없다는 것을 우리는 당연히 알고 있었고 그렇게 오랫동안 이어질 줄 알았네. 그래서 고맙고 감사하다는 말을 전달하지 않았고 때가 되면 한 번에 갚겠다는 생각을 늘상 갖고 있었지만, 기어이 전달하지 못하고 여기까지 오고야 말았네.

두하 친구! 우리에게 베풀어준 온정에 진정 고마웠고 감사했네.

이제 우리는 함께 어깨동무하거나 마주 앉아 도란도란 이야기는 할 수 없지만 자네는 자네대로 우리는 우리대로 보고파 하면서 그때 그랬지 하며 추억을 끄집어내기도 하고 내일을 향해 걸어가는 우리들 이야기에 관심을 두기도 하면서 넌지시 지켜봐 주게나. 자네나 우리나 애틋한 마음은 우주만큼 넓고 깊지만, 보편적이고 필연적인 사별(死別)을 자연스럽고 의연하게 받아들이면서 청우회 우정을 영원히 간직하세나. 다시 우리가 한마음 한뜻으로 재회한다면 그때는 자네를 우리가 성심성의껏 보살피면서 넘어지지 않도록 앞뒤 좌우에 서서 극진히 보좌하겠네. 그때가 되면 그리움도 애절함도 삭혀져 있겠지.

두하 친구 좋은 곳에서 편안히 쉬시게나.

2024년 11월 9일 청우회 친구들

인생에는 술 항아리 앞보다 좋은 곳이 없고

인생 백년을 보내는 데 있어서
술만 한 것이 없으니

술산이 돌아가거는 남기지 마시라!

에필로그

무슨 일이든 목표에 도달하고 나면 뿌듯한 성취감보다는 공허함을 느낄 때가 있다. 꽤 높은 산을 등정하기 위하여 몇 달 혹은 며칠을 준비하면서 정상에 섰을 때의 감격스러운 장면을 상상하면 미소가 저절로 나오지만, 막상 정복하고 난 후에 느끼는 감정은 환호에 들뜨기도 하지만 왠지 허탈하고 허무감이 몰려올 때도 있다. 또 치밀하게 준비한 해외여행을 계획대로 마치고 집으로 돌아올 때도 순간순간의 감동과 즐거움은 빗발치듯 온몸으로 받았지만, 괜히 허전하고 후회될 때가 있다. 이런 감정은 과정이나 결과가 잘못되어 발생하는 것이 아니고 목표를 향해 쉼 없이 달려온 노력에 비해 도달했을 때 느끼는 성취감이 다소 미흡하거나 계획된 목표를 달성하다 보니 더 이상 목표가 없다는 것에 대해 삶의 활력을 잠시 잃어버리기 때문이 아닐까 싶다. 이런 현상은 새로운 목표를 설정하고 도전하게 되면 단기간에 사라지는 일시적인 현상일 뿐 삶을 살아가는 데 있어서 미치는 영향은 미미하다.

책을 출간할 때도 마찬가지다. 어떨 땐 밤을 새우기도 하고 어떨 땐 현지를 답사하면서 감정에 몰입되어 과거와 미래를 들락날락하기도 한다.

또 생소한 경험을 하면서 난관에 부딪힐 때도 있어서 출간을 중단할까 하는 생각을 하면서도 끝까지 포기하지 않고 마무리하여 책을 출간하면 뿌듯함을 느끼는 보람보다는 아쉬움과 찜찜한 마음이 더 많을 때가 있다. 이런 현상은 좀 더 잘 쓸걸 혹은 좀 더 분량을 늘릴걸 하는 후회가 밀려와서 역시 일시적으로 발생했다가 사라지는 심리적인 상실감일 뿐이다.

목표를 달성하거나 스스로 만족한 성과나 실적을 창출하고 나면 당연히 몸에서는 엔도르핀이 생성되어 활력이 치솟고 열정이 샘솟으며 행복한 기분이 온몸으로 전달되어 기쁨과 즐거움을 주체할 수 없을 정도로 세상이 아름답고 마음이 평온하다. 그야말로 세상을 다 가진 듯하다.

이렇듯 아쉬움이나 허탈감은 오히려 다시 도전할 수 있는 동기부여가 되고 오기와 용기가 생겨 더 높은 목표를 향해 매진하는 힘을 준다. 나이와 상관없이 도전하는 목표가 없다는 것은 더 이상의 삶을 포기하는 것과 마찬가지므로 살아있거나 더 활기차게 살아가려면 끊임없는 목표를 설정하고 열정을 다해 목표를 달성하려는 의지가 있어야 한다. 이것이 우리가 살아가는 이유다.

행복은 감나무 밑에서 입을 떠~억 벌리고 누워있다고 떨어지는 것이 아니다. 행복은 부단한 노력을 통해 쟁취하는 것이고 유지하는 것이고 함께하는 것이다. 혼자서도 살아갈 수 있지만 더불어 살아간다면 행복과 보람은 두 배 세 배가 되어 조화로운 사회를 바탕으로 살기좋은 세상이 될 것이다.

이 책을 읽는 모든 분 사랑하고 존중합니다. 감사합니다.

그까이 행복쯤이야!!

초판 1쇄인쇄 2025년 3월 10일

지은이 안부현
펴낸이 손호일
펴낸곳 도서출판 길상
출판등록 제2003-000078호
주소 서울시 중구 퇴계로39길 16
전화 02-2266-1872
팩스 02-2279-1871
이메일 bumilprint@naver.com

ISBN 978-89-94100-15-9